ETENDARD DU PRINCE PELLAGAYO DE SOMMERLUND
ARMES ROYALES DE SOMMERLUND
GUILDE DES MAGICIENS DE TORAN
ETENDARD DE GUERRE DES SEIGNEURS KAÏ DE SOMMERLUND
SOMMERLUND
ANSKAVEN
DETROIT DE KIRLUNDIN
Broka
Egen
Thet
Hemd
ILES KIRLUNDIN
Kirlu
TORAN
Fleuve Tor
TYSO
GOLFE DE HOLM
Mannon
Pointe des Naufragés
MONASTERE KAÏ
Rivière Unoram
HOLMGARD
PASSE DE MOYTURA
MONTS DURNCRAG

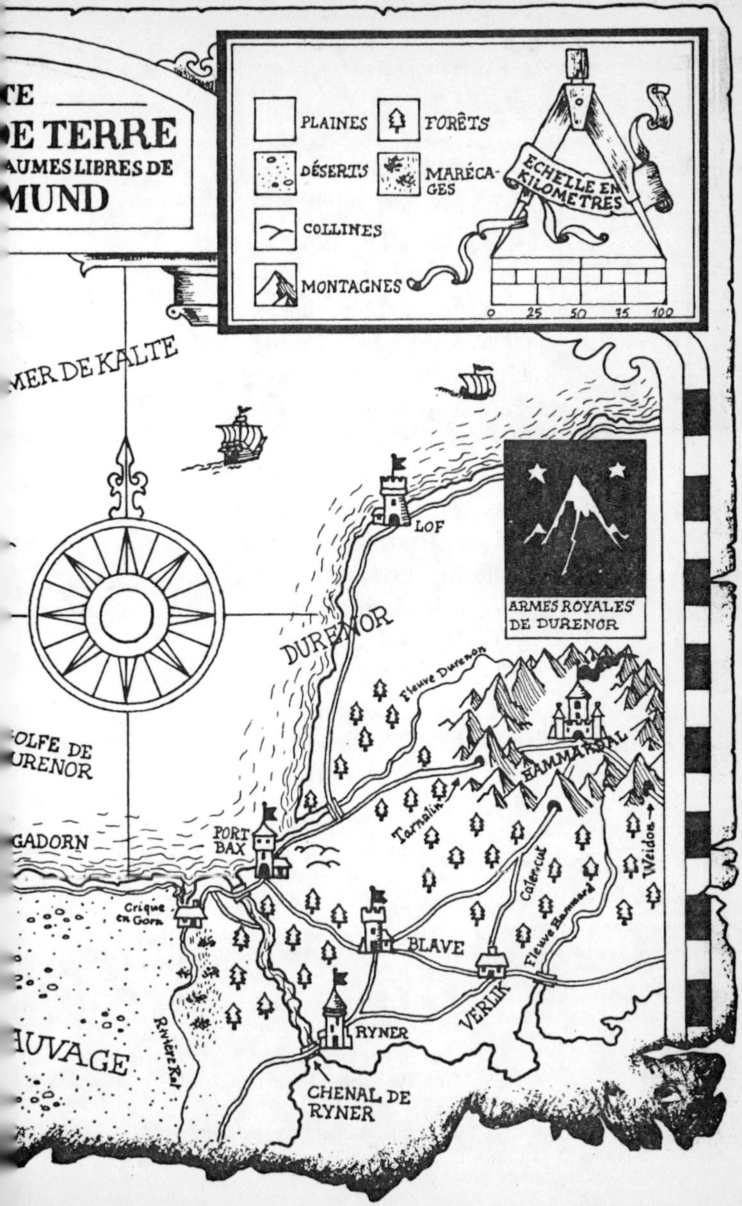

TE
E TERRE
AUMES LIBRES DE
MUND
PLAINES
FORÊTS
DÉSERTS
MARÉCA-
GES
COLLINES
MONTAGNES
ECHELLE EN KILOMETRES
0 25 50 75 100
MER DE KALTE
LOF
ARMES ROYALES
DE DURENOR
DURENOR
Fleuve Durenor
OLFE DE
URENOR
HAMMARDAL
Tarnalin
Weidon
GADORN
PORT
BAX
Calencut
Fleuve Hammard
Crique
en Gorn
BLAVE
VERLIK
RYNER
Rivière Rel
UVAGE
CHENAL DE
RYNER

Connaissez-vous
les autres aventures de la série
LOUP SOLITAIRE ?

1. Les Maîtres des Ténèbres
2. La Traversée Infernale
3. Les Grottes de Kalte
4. Le Gouffre Maudit
5. Le Tyran du Désert
6. La Pierre de la Sagesse
7. La Forteresse Maudite
8. Dans l'Enfer de la Jungle
9. La Métropole de la Peur
10. Dans les Entrailles de Torgar
11. Les Prisonniers du Temps
12. Le Crépuscule des Maîtres
13. Les Druides de Cener
14. Le Captif du Roi-Sorcier
15. La Croisade du Désespoir
16. L'Héritage de Vashna
17. La Tour de Cristal
18. La Porte d'Ombre
19. Le Combat des Loups
20. La Malédiction de Naar

Titre original :
Fire on the Water

Joe Dever

La Traversée Infernale

Loup Solitaire/2

Traduit de l'anglais
par Camille Fabien

Illustrations de Gary Chalk

Gallimard

FEUILLE D'AVENTURE

DISCIPLINES KAI

NOTES

1	
2	
3	
4	
5	
6	6e Discipline : seulement si vous avez accompli avec succès votre mission dans le 1er volume.

ARMES (2 Armes maximum)

1	
2	
	Combat livré avec une Arme et la Maîtrise de cette Arme : + 2 P.H. Combat livré sans Arme : – 4 P.H.

SAC A DOS (8 objets maximum, repas compris)

OBJETS	REPAS
Vous pouvez abandonner ou échanger l'un ou l'autre de ces objets, sauf pendant un combat.	– 3 P.E. si vous n'avez pas de repas lorsqu'il vous faut manger.

OBJETS SPÉCIAUX	BOURSE (50 Pièces d'Or maximum)

P.H. = POINTS D'HABILETÉ

P.E. : POINTS D'ENDURANCE

HABILETÉ	ENDURANCE
	Ne peut jamais dépasser votre total de départ. (0 = mort)

DÉTAIL DES COMBATS

ENDURANCE		ENDURANCE
LOUP SOLITAIRE	QUOTIENT D'ATTAQUE	ENNEMI
LOUP SOLITAIRE	QUOTIENT D'ATTAQUE	ENNEMI
LOUP SOLITAIRE	QUOTIENT D'ATTAQUE	ENNEMI
LOUP SOLITAIRE	QUOTIENT D'ATTAQUE	ENNEMI
LOUP SOLITAIRE	QUOTIENT D'ATTAQUE	ENNEMI
LOUP SOLITAIRE	CO	

Ce parchemin a été décerné à

___

initié à la maîtrise des disciplines Kaï

Règles du jeu

Vous trouverez au début de ce livre une *Feuille d'Aventure* sur laquelle vous inscrirez tous les détails de votre quête. Il est conseillé d'en faire des photocopies qui vous permettront de jouer plusieurs fois.

Au cours de l'initiation qui vous a permis de devenir un Seigneur Kaï, vous avez acquis une force exceptionnelle ; les deux éléments essentiels de cette force sont représentés par votre HABILETÉ AU COMBAT et votre ENDURANCE. Avant d'entreprendre votre mission, il vous faudra mesurer exactement le degré d'efficacité de votre entraînement. A cet effet, vous devrez placer devant vous la *Table de Hasard* qui se trouve à la fin du livre, fermer les yeux et pointer l'extrémité non taillée d'un crayon sur l'un des chiffres de la *Table* en laissant faire le hasard. Si votre crayon désigne le chiffre 0, vous n'obtenez aucun point.

Le premier chiffre que votre crayon aura montré sur la *Table de Hasard* représentera votre HABILETÉ AU COMBAT. Ajoutez 10 à ce chiffre et inscrivez le total obtenu dans la case HABILETÉ de votre *Feuille d'Aventure*. (Si par exemple votre crayon indique le chiffre 4 sur la *Table de Hasard,* vos points d'HABILETÉ seront de 14). Lorsque vous aurez à combattre, il faudra mesurer votre HABILETÉ à celle de votre adversaire. Il est donc souhaitable que votre total d'HABILETÉ soit le plus élevé possible.

Le deuxième chiffre que votre crayon désignera sur la *Table de Hasard* représentera votre capacité d'ENDURANCE. Ajoutez 20 à ce chiffre et inscrivez le total obtenu dans la case ENDURANCE de votre *Feuille d'Aventure.* (à titre d'exemple, si votre crayon indique le chiffre 6 sur la *Table de Hasard,* le total de vos points d'ENDURANCE sera de 26).

Si vous êtes blessé lors d'un combat, vous perdrez des points d'ENDURANCE et si jamais votre ENDURANCE tombe à zéro, vous saurez alors que vous venez d'être tué et que votre aventure est terminée. Au cours de votre mission, vous aurez la possibilité de récupérer des points d'ENDURANCE mais votre total d'ENDURANCE ne pourra en aucun cas dépasser celui dont vous disposiez au départ de votre mission.

Si vous avez mené avec succès l'aventure du premier livre de la série du Loup Solitaire, vos points d'HABILETÉ et d'ENDURANCE vous sont déjà connus et vous savez également quelles sont les disciplines Kaï que vous maîtrisez. C'est avec ces mêmes éléments que vous entreprendrez votre quête dans ce deuxième volume. Vous pourrez aussi emporter dans cette nouvelle aventure les armes et les objets qui se trouvaient en votre possession à la fin du premier livre ; vous devrez alors les inscrire en détail sur votre *Feuille d'Aventure* (rappelez-vous cependant que vous n'avez toujours pas droit à plus de deux armes et huit objets contenus dans votre Sac à Dos). Les expériences que vous avez vécues dans le premier livre vous ont permis d'accroître votre science et vous avez ainsi la possibilité de choisir une discipline Kaï supplémentaire que vous ajouterez aux autres sur votre *Feuille d'Aventure*. Et maintenant, lisez attentivement les indications qui vous sont données dans la rubrique équipement de cette deuxième mission.

Les Disciplines Kaï

Au cours des siècles, les Moines Kaï ont appris à maîtriser toutes les techniques du guerrier. Ces techniques sont connues sous le nom de Disciplines Kaï et enseignées aux Seigneurs Kaï. Pour votre part, vous n'avez été initié qu'à *cinq* des techniques décrites ci-dessous. Il vous appartient de choisir vous-même ces cinq disciplines. Chaque Discipline Kaï peut vous être utile à un moment ou à un autre de votre quête et votre choix devra être le plus judicieux possible : dans certaines circonstances, une habile mise en pratique de l'une de ces techniques peut vous sauver la vie.

Lorsque vous aurez choisi vos cinq disciplines, inscrivez-les dans la case correspondante de votre *Feuille d'Aventure*.

Le camouflage

Cette technique permet au Seigneur Kaï de se fondre dans le paysage. A la campagne, il peut se cacher parmi les arbres et les rochers et se rendre de cette façon invisible à l'ennemi même s'il passe tout près de lui. Dans une ville, cette discipline donnera à celui qui l'utilise la faculté d'avoir l'air d'un habitant du cru, tant par l'apparence que par l'accent ou la langue employée. On peut ainsi trouver un abri où se cacher en toute sécurité.
Si vous choisissez cette technique, inscrivez Camouflage sur votre *Feuille d'Aventure*.

La chasse

Cette discipline donne au Seigneur Kaï l'assurance qu'il ne mourra jamais de faim même s'il se trouve dans un environnement hostile. Il aura toujours la possibilité de chasser pour se procurer de la nourriture, sauf dans les déserts et les autres régions arides. Cette technique permet également de se déplacer sans bruit en pistant une proie.
Si vous choisissez cette discipline, inscrivez sur votre *Feuille d'Aventure :* Chasse ; vous êtes dispensé de Repas chaque fois qu'il est obligatoire de manger (voir plus loin le paragraphe « nourriture »).

Le sixième sens

Grâce à cette technique, le Seigneur Kaï devine les dangers imminents qui le menacent. Ce

sixième sens peut également lui révéler les intentions véritables d'un inconnu ou la nature d'un objet étrange rencontré au cours d'une aventure.
Si vous choisissez cette discipline, inscrivez : Sixième Sens sur votre *Feuille d'Aventure*.

L'orientation

Chaque fois qu'il se trouvera dans l'obligation de décider quelle direction il doit prendre, le Seigneur Kaï fera toujours le bon choix grâce à cette technique. Il saura ainsi quel chemin il convient d'emprunter dans une forêt et il pourra également, dans une ville, découvrir l'endroit où sont cachés une personne ou un objet. Par ailleurs, il saura interpréter chaque trace de pas, chaque empreinte qui pourraient lui permettre de remonter une piste.
Si vous choisissez cette discipline, inscrivez : Orientation sur votre *Feuille d'Aventure*.

La guérison

Cette discipline donne la faculté de récupérer des points d'ENDURANCE perdus lors d'un combat. Si vous maîtrisez cette technique, vous pourrez ajouter un point d'ENDURANCE à votre total à chaque fois qu'il vous sera possible d'aller d'un bout à l'autre d'un paragraphe sans avoir à combattre un ennemi. (Vous n'aurez droit d'utiliser cette technique de la guérison que lorsque vos points d'ENDURANCE seront tombés au-dessous de votre total initial. Rappelez-vous que vos points d'ENDURANCE ne peuvent en aucun cas excéder votre total de départ). Si vous choisissez cette discipline, inscrivez sur votre *Feuille d'Aventure* : Guérison ; un point d'ENDURANCE pour chaque paragraphe parcouru sans combat.

La maîtrise des armes

En entrant au Monastère Kaï, chaque élève a la possibilité d'être initié au maniement d'une arme. Si vous choisissez d'avoir la Maîtrise d'une arme, utilisez la *Table de Hasard* à la manière habituelle pour obtenir un chiffre qui correspondra, dans la liste ci-dessous, à l'arme dont on vous aura enseigné le maniement. Vous aurez dès lors la parfaite Maîtrise de cette arme et chaque fois que vous combattrez avec elle, vous aurez droit à deux points d'HABILETÉ supplémentaires.

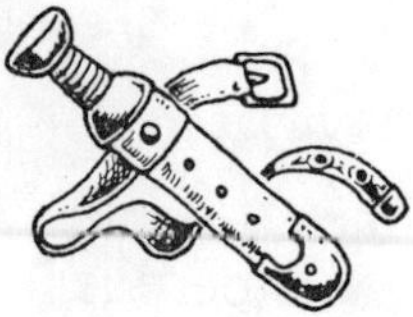

0 : LE POIGNARD

1 : LA LANCE

2 : LA MASSE D'ARMES

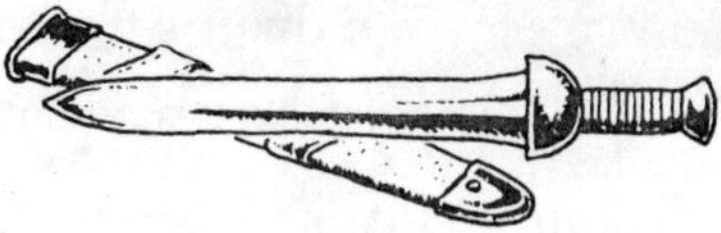

3 : LE SABRE

4 : LE MARTEAU DE GUERRE

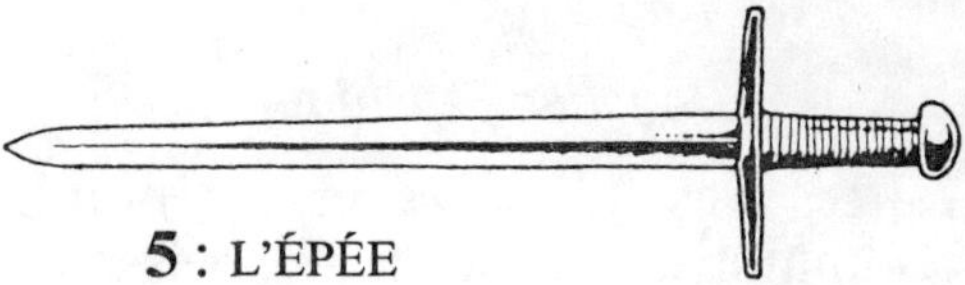

5 : L'ÉPÉE

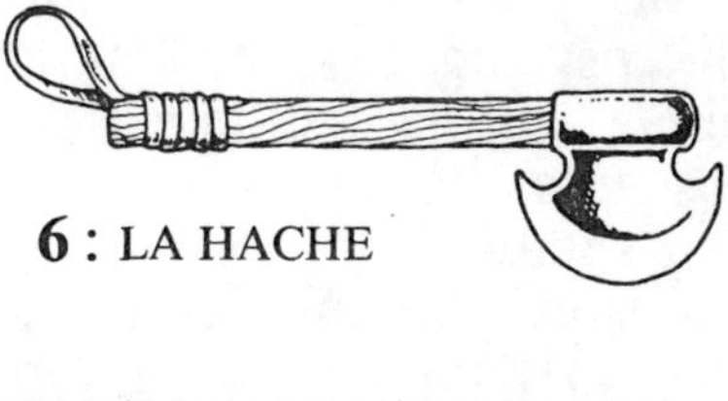

6 : LA HACHE

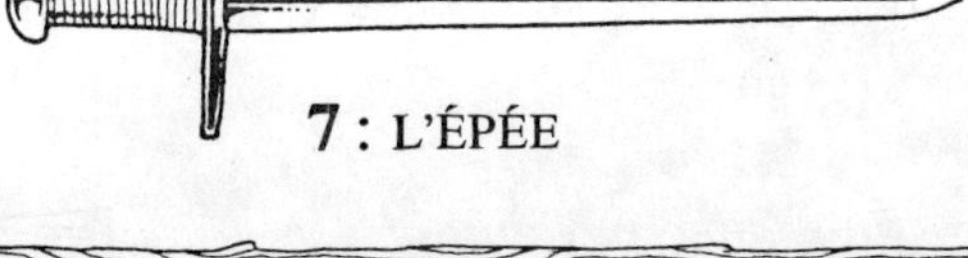

7 : L'ÉPÉE

8 : LE BÂTON

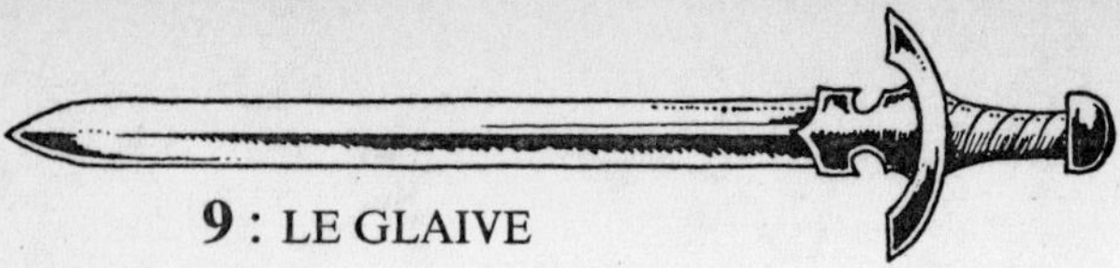

9 : LE GLAIVE

Le fait que vous ayez la Maîtrise d'une arme ne signifie nullement que vous disposerez de cette arme dès le début de votre aventure ; au cours de celle-ci, cependant, l'occasion vous sera donnée de vous la procurer. Vous pourrez d'ailleurs acquérir diverses armes au long de votre quête mais vous n'aurez pas le droit d'en posséder plus de deux à la fois.
Si vous choisissez cette discipline, inscrivez sur votre *Feuille d'Aventure* : Maîtrise de... (ici, le nom de l'arme). 2 points d'HABILETÉ supplémentaires chaque fois qu'il en sera fait usage.

Bouclier psychique

Les Maîtres des Ténèbres et les nombreuses créatures malfaisantes qui leur obéissent ont la faculté de vous porter atteinte en faisant usage de leur force psychique. La technique du Bouclier psychique vous permet cependant de ne pas perdre de points d'ENDURANCE lorsque vous vous trouvez soumis à une telle agression.
Si vous choisissez cette discipline, inscrivez sur votre *Feuille d'Aventure* : Bouclier psychique ; pas de perte d'ENDURANCE en cas d'agression mentale.

Puissance psychique

Cette technique permet au Seigneur Kaï d'attaquer un ennemi en se servant de la force de son

esprit : on peut l'utiliser en même temps qu'une arme de combat habituelle et l'on dispose alors de deux points supplémentaires d'HABILETÉ. Cette puissance psychique, cependant, n'est pas forcément efficace avec toutes les créatures : il se peut que certaines d'entre elles y soient insensibles. Si le cas se présente, vous en serez averti au cours de votre mission.
Si vous choisissez cette discipline, inscrivez sur votre *Feuille d'Aventure* : Puissance psychique ; deux points d'HABILETÉ supplémentaires.

Communication animale

Grâce à cette technique, un Seigneur Kaï peut communiquer avec certains animaux et deviner les intentions de certains autres.
Si vous choisissez cette discipline, inscrivez : Communication animale sur votre *Feuille d'Aventure*.

Maîtrise Psychique de la Matière

C'est une technique qui donne à un Seigneur Kaï la faculté de déplacer de petits objets par le simple pouvoir de sa concentration mentale.
Si vous choisissez cette discipline, inscrivez : Maîtrise Psychique de la Matière sur votre *Feuille d'Aventure*.
Si vous remplissez avec succès la mission qui vous est confiée dans ce livre numéro 2, vous aurez la possibilité de choisir une Discipline Kaï supplémentaire lorsque vous établirez la *Feuille d'Aventure* du livre numéro 3. Cette nouvelle discipline viendra s'ajouter aux cinq ou six

autres (selon les cas) auxquelles vous avez déjà droit ; vous disposerez également des objets que vous aurez pu acquérir au cours des aventures vécues dans les livres numéro 1 et 2. Vous pourrez alors inscrire tous ces éléments sur votre *Feuille d'Aventure* avant d'entreprendre la mission qui vous sera confiée dans le troisième volume de la série du Loup Solitaire. Cette troisième aventure s'intitule : Les grottes de Kalte.

Équipement

Le Capitaine Gayal, de la Garde du Roi, vous a conduit à l'Arsenal du Palais où l'on prend soin de réparer et de nettoyer votre tunique verte et votre cape de Seigneur Kaï ; en attendant que vos vêtements vous soient rendus, le Capitaine Gayal vous donne pour votre voyage une bourse remplie d'or. Pour savoir combien d'or la bourse contient, utilisez la *Table de Hasard* à la manière expliquée plus haut et ajoutez 10 au chiffre obtenu. Le total représente le nombre de pièces d'or qui se trouvent dans la bourse ; vous inscrirez ce total dans la case « Pièces d'Or » de votre *Feuille d'Aventure* et, si vous avez mené à bien la mission du livre numéro 1, vous ajouterez alors cette somme au nombre de pièces d'or que peut-être vous possédez déjà.

Au centre de l'Arsenal, divers objets ont été disposés à votre intention sur une grande table. Vous avez le droit d'emporter avec vous deux de ces objets, à choisir dans la liste suivante :

ÉPÉE (case Armes), SABRE (case Armes),

deux REPAS (case Repas), COTTE DE MAILLES (case Objets Spéciaux) ; cette cotte de mailles ajoute 4 points d'ENDURANCE au total dont vous disposez déjà.

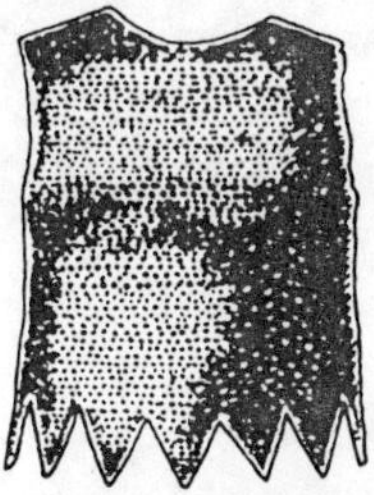

MASSE D'ARME (case Armes), POTION DE GUÉRISON (case Sac à Dos, à ranger parmi les OBJETS) ; cette potion vous redonne 4 points d'ENDURANCE si vous la buvez après un combat, mais vous ne disposez que d'une seule dose.

BATON (case Armes), LANCE (case Armes), GLAIVE (case Armes), BOUCLIER (case Objets Spéciaux) ; ce bouclier vous donne 2 points d'HABILETÉ supplémentaires lorsque vous en faites usage au cours d'un combat.

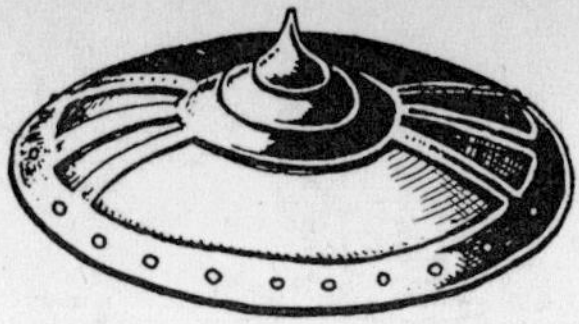

Si vous disposez déjà d'armes acquises lors de l'aventure vécue dans le livre numéro 1, vous avez là l'occasion d'échanger l'une d'elles ou les deux, à votre convenance.
Inscrivez sur votre *Feuille d'Aventure* les deux objets que vous avez choisis en prenant soin de les ranger dans les cases indiquées entre parenthèses, et notez l'effet éventuel que l'un ou l'autre peut avoir sur vos points d'ENDURANCE ou d'HABILETÉ.

Répartition de l'équipement

A présent que vous disposez de votre équipement, il vous faut savoir comment il se répartit afin que vous puissiez le transporter plus aisément. Il n'est pas nécessaire de prendre des notes à ce sujet, vous vous contenterez, en cas de besoin, de vous référer aux indications données dans la liste ci-dessous.

1 L'ÉPÉE : vous la portez à la main.
2 LE SABRE : vous le portez à la main.
3 LA NOURRITURE : elle est rangée dans votre sac à dos.
4 LA COTTE DE MAILLES : vous la portez sur vous.
5 LA MASSUE : vous la portez à la main.
6 LA POTION DE GUÉRISON : elle prend place dans votre sac à dos.

7 LE BÂTON : vous le portez à la main.
8 LA LANCE : vous la portez à la main.
9 LE BOUCLIER : en dehors des combats, vous le portez en bandoulière ; lors des combats, vous le tenez bien entendu à la main.
10 LE GLAIVE : vous le portez à la main.

Combien d'objets pouvez-vous transporter ?

Armes

Vous ne pouvez pas emporter plus de deux armes.

Objets contenus dans votre Sac à Dos

Ils doivent obligatoirement être rangés dans le Sac à Dos, mais la place y est comptée et vous ne pouvez y transporter que huit objets (Repas inclus).

Objets spéciaux

Les objets spéciaux ne sont pas rangés dans votre Sac à Dos. Lorsque vous aurez la possibilité d'acquérir l'un de ces objets spéciaux, il vous sera indiqué de quelle manière il convient de le transporter.

Pièces d'Or

Elles sont toujours rangées dans la bourse attachée à votre ceinture. Cette bourse ne peut pas contenir plus de cinquante Pièces d'Or en tout.

Nourriture

Vous transportez votre nourriture dans votre Sac à Dos et chaque Repas compte pour un objet. Tous les objets qui peuvent vous être utiles et que vous aurez la possibilité d'acquérir au cours de votre aventure sont indiqués avec leur initiale en lettre capitale. Chaque fois que vous déciderez d'emporter l'un de ces objets avec vous, il vous faudra l'inscrire sur votre *Feuille d'Aventure.* Ces acquisitions seront rangées dans votre Sac à Dos sauf s'il vous est spécifié qu'il s'agit d'un Objet Spécial.

Comment utiliser votre équipement ?

Armes

Les armes vous aident à combattre vos ennemis. Si vous avez choisi la discipline de la Maîtrise des Armes et que vous disposez de l'arme qui vous a été attribuée par la *Table de Hasard,* vous aurez le droit d'ajouter 2 points à votre total d'HABILETÉ. Si vous êtes obligé de combattre sans arme, vous devrez déduire 4 points de votre total d'HABILETÉ et vous battre à mains nues. Si vous découvrez une arme au cours de votre aventure, vous pouvez la garder et l'utiliser, mais rappelez-vous que vous n'avez pas le droit de posséder plus de deux armes à la fois.

Objets contenus dans votre Sac à Dos

Au cours de votre quête, vous découvrirez divers objets qui pourraient se révéler utiles et que vous souhaiterez peut-être conserver (rappelez-vous que vous ne pouvez transporter que huit objets dans votre Sac à Dos). Vous avez le droit à tout moment d'échanger l'un de ces objets ou tout simplement de vous en débarrasser, mais il vous est interdit de le faire lorsque vous êtes engagé dans un combat.

Objets spéciaux

Chacun de ces objets possède des propriétés bien particulières. Parfois, ces propriétés vous seront décrites au moment même de la découverte de l'objet, d'autres fois, il vous faudra attendre qu'elles se révèlent au cours de votre aventure. Pour vous aider à trouver votre chemin, vous disposez d'une carte que vous avez sauvée des cendres du monastère détruit.
Au départ de votre quête, vous êtes en possession du Sceau d'Hammardal. C'est un anneau que vous portez à un doigt de votre main droite. N'oubliez pas de l'inscrire sur votre *Feuille d'Aventure* dans la case Objets Spéciaux.

Pièces d'or

La monnaie en cours dans le royaume est la Couronne qui se présente sous la forme d'une petite pièce d'or. Au cours de votre aventure, vous pourrez utiliser ces Couronnes pour vos frais de transport ou de nourriture, mais également, si besoin est, pour corrompre certains personnages peu scrupuleux. Nombre de créatures que vous serez amené à rencontrer possèdent des Couronnes d'or. Chaque fois que vous tuerez l'une de ces créatures, vous aurez le droit de vous emparer de ses pièces d'or et de les conserver dans votre bourse.

Nourriture

Tout au long de votre quête, vous aurez besoin de vous nourrir à intervalles réguliers. S'il ne vous reste plus de vivres lorsque vous serez dans l'obligation de prendre un repas, vous perdrez 3 points d'ENDURANCE. Mais si vous avez choisi, parmi les Disciplines Kaï, celle de la chasse, vous n'aurez pas à rayer un Repas de votre liste d'équipement chaque fois que vous devrez manger.

La Potion de Guérison

Elle vous rend 4 points d'ENDURANCE lorsque vous la buvez après un combat. Mais vous ne disposez que d'une seule dose. Si au cours de votre aventure, vous venez à découvrir d'autres potions, leurs effets vous seront indiqués en temps utile. Toutes les Potions de Guérison doivent être rangées dans votre Sac à Dos.

Règles de combat

Au cours de votre mission, vous aurez parfois à combattre un ennemi. Le texte vous précisera en chaque circonstance quels sont les points d'HABILETÉ et d'ENDURANCE de l'ennemi en question. Le Loup Solitaire (c'est-à-dire vous-même) devra alors s'efforcer de tuer son adversaire en réduisant à zéro les points d'ENDURANCE de ce dernier, tout en essayant lui-même de perdre le moins possible de points d'ENDURANCE au cours de l'affrontement.

Au début de chaque combat, incrivez le total d'ENDURANCE du Loup Solitaire, ainsi que celui de l'ennemi sur votre *Feuille d'Aventure*. Ces indications devront être portées dans la case Compte Rendu des Combats.

Chaque affrontement se déroule de la manière suivante :

1 Ajoutez à votre total d'HABILETÉ les points supplémentaires que certaines Disciplines Kaï peuvent vous donner.

2 Soustrayez du total ainsi obtenu les points d'HABILETÉ de votre adversaire. Le résultat de cette soustraction vous donnera un *Quotient d'Attaque*. Inscrivez-le sur votre *Feuille d'Aventure*.

Exemple

Imaginons que le Loup Solitaire dispose d'un total d'HABILETÉ de 15 et qu'il soit attaqué par un Diable Volant dont les points d'HABILETÉ s'élèvent à 20 : le Loup Solitaire n'a aucune possibilité de fuite, il lui faut combattre la créature qui fond sur lui. Admettons alors que le Loup Solitaire ait choisi la Discipline Kaï de la Puissance Psychique contre laquelle le Diable Volant n'est pas protégé ; dans ce cas, le Loup Solitaire ajoutera 2 points à son total d'HABILETÉ qui atteindra donc 17.

Il retranchera ensuite le total d'HABILETÉ du Diable Volant de son propre total, ce qui lui

donnera un *Quotient d'Attaque* de – 3 (17 – 20 = – 3). Il faudra alors inscrire – 3 dans la case *Quotient d'Attaque* de la *Feuille d'Aventure.*
3 Lorsque vous connaissez votre *Quotient d'Attaque,* utilisez la *Table de Hasard* à la manière habituelle pour obtenir un chiffre.
4 Reportez-vous ensuite à la *Table des Coups Portés* qui figure à la fin de ce livre. Dans la ligne supérieure de cette Table sont indiqués les *Quotients d'Attaque.* Trouvez le Quotient que vous avez calculé, puis descendez la colonne au-dessous jusqu'à la case située à l'intersection de la ligne horizontale correspondant au chiffre obtenu à l'aide de la *Table de Hasard* (ces chiffres sont indiqués sur le côté gauche de la *Table des Coups Portés*). Vous connaîtrez ainsi le nombre de points d'ENDURANCE que l'ennemi et le Loup Solitaire auront chacun perdu lors de cet assaut. (La lettre *E* vous donne les points d'ENDURANCE perdus par l'ennemi, les lettres *LS*, ceux perdus par le Loup Solitaire).

Exemple

Le Quotient d'Attaque entre le Loup Solitaire et le Diable Volant était de – 3. Admettons que le chiffre donné par la *Table de Hasard* soit 6. Le résultat du premier assaut sera alors le suivant : le Loup Solitaire perd 3 points d'ENDURANCE. Le Diable Volant perd 6 points d'ENDURANCE.
5 Après chaque assaut, notez sur la *Feuille d'Aventure* les modifications intervenues dans le total d'ENDURANCE de chaque adversaire.
6 A moins que des indications différentes ne vous soient données, ou que vous ayez la possi-

bilité de prendre la fuite, un nouvel assaut devra ensuite être mené.
7 Reprenez le déroulement des opérations à partir de l'étape numéro 3.

Le combat se poursuit jusqu'à ce que le total d'ENDURANCE de l'ennemi ou du Loup Solitaire ait été réduit à zéro ; celui qui a perdu tous ses points d'ENDURANCE est alors considéré comme mort. Si c'est le Loup Solitaire, — c'est-à-dire vous — qui a succombé, l'aventure est terminée. Si c'est l'ennemi qui est tué, le Loup Solitaire peut poursuivre sa mission mais avec un total d'ENDURANCE moins élevé.

Possibilités de fuite

Au cours de votre aventure, la possibilité d'échapper à un combat vous sera parfois accordée. Si vous avez déjà engagé un assaut et que vous décidez de prendre la fuite, menez d'abord cet assaut à son terme en observant les règles habituelles. Mais votre adversaire ne perdra alors aucun point d'ENDURANCE. Seul vous, le Loup Solitaire, perdrez le nombre de points indiqué par la *Table des Coups Portés*. Vous pourrez ensuite vous enfuir après avoir payé votre couardise par la réduction de votre total d'ENDURANCE. Mais rappelez-vous que vous n'aurez le droit de prendre la fuite que si vous y êtes autorisé ; les précisions nécessaires vous seront fournies à chaque fois.

La sagesse Kaï

Votre mission sera infiniment périlleuse, car les Maîtres des Ténèbres et leurs créatures sont des ennemis cruels et rusés qui n'accordent aucune pitié ; ils savent d'ailleurs que vous vous montrerez tout aussi implacable à leur égard. La carte qui figure au début du livre vous aidera à trouver le bon chemin qui mène à Hammardal. Prenez des notes à mesure que vous progresserez dans votre quête, elles vous seront profitables lors de futures missions.

Vous allez découvrir de nombreux objets qui vous seront d'une grande aide dans le déroulement de votre aventure. Certains Objets Spéciaux pourront vous être utiles lorsque vous entreprendrez d'autres missions du Loup Solitaire, dans les livres suivants, mais il arrivera également qu'un objet dont vous pensiez pouvoir vous servir plus tard se révèle tout à fait inefficace au moment où vous l'emploierez. Aussi devrez-vous choisir avec discernement les objets que vous déciderez d'emporter avec vous. De nombreux itinéraires mènent à Hammardal, mais seul l'un d'eux vous permettra d'aller récupérer le Glaive de Sommer et de revenir au royaume du Sommerlund en courant un minimum de risques. Choisissez judicieusement les Disciplines Kaï auxquelles vous avez droit et sachez faire preuve d'un grand courage : vous pourrez alors mener à bien votre mission, même si vos points d'HABILETÉ et d'ENDURANCE sont faibles au départ de votre aventure.

Le sort de votre patrie dépend du succès de votre quête, mais nombreux sont les périls qui vous guettent, alors bonne chance !

Quarante jours pour un Loup Solitaire

Au nord du royaume du Sommerlund, il est de tradition depuis des siècles d'envoyer les fils des Seigneurs de la Guerre au monastère Kaï. C'est là qu'on leur enseigne l'art et la science de leurs nobles ancêtres.

Au temps jadis, à l'époque de la Lune Noire, les Maîtres des Ténèbres menèrent une guerre sans merci contre le royaume du Sommerlund. Ce fut une longue et douloureuse épreuve de force à l'issue de laquelle les guerriers du Sommerlund remportèrent la victoire lors de la grande bataille de Maaken. Le roi Ulnar et ses alliés de Durenor anéantirent l'armée des Maîtres des Ténèbres dans le défilé de Moytura et précipitèrent l'ennemi au fond du goufre de Maaken. Vashna, le plus puissant parmi les Maîtres des Ténèbres, périt d'un coup mortel que le roi Ulnar lui porta de sa puissante épée, l'épée du soleil, que l'on désigne généralement sous le nom de « Glaive de Sommer ». Depuis ce temps, les Maîtres des Ténèbres ont juré de prendre leur revanche sur le royaume du Sommerlund et la Maison d'Ulnar.

Quant à vous, vous êtes le Loup Solitaire, un disciple du Temple Kaï où l'on vous a initié aux secrets des Seigneurs de la Guerre. Or, il y a deux jours, le paisible royaume s'est trouvé plongé dans la tourmente à la suite de l'invasion soudaine du pays par une puissante armée que commandaient les Maîtres des Ténèbres. Au cours de l'attaque, le monastère Kaï a été complètement détruit et les Seigneurs qui s'y étaient réunis pour préparer la grande fête de Fehmarn ont tous été tués lors des combats ; les murs du temple se sont écroulés sur eux, les écrasant sous les décombres. Vous êtes le seul Seigneur Kaï à avoir échappé au massacre et vous avez juré de venger la mort de vos compagnons. Votre première tâche était d'avertir le roi, car en l'absence des Seigneurs Kaï à la tête de l'armée, il devenait impossible de mobiliser à temps la population pour repousser les Maîtres des Ténèbres.

Vous avez affronté de grands périls en vous rendant auprès du souverain ; l'ennemi avait déjà soumis la plus grande partie du royaume et son armée s'avançait vers Holmgard, la capitale mais, en dépit du danger, et au prix de rudes combats, vous avez réussi à atteindre le Palais et à prévenir le roi. A la cour, on a fait l'éloge de votre habileté et de votre bravoure mais on vous a également averti que votre mission était loin d'être terminée : à présent que les Seigneurs Kaï sont morts, il n'y a plus, sur toutes les terres de Magnamund, qu'une seule force assez puissante pour venir à bout des Maîtres des Ténèbres et cette force, c'est celle du Glaive de Sommer.

Or, après la défaite de Vashna, le Glaive de Sommer fut offert aux alliés de Durenor comme un symbole de la confiance et de la solidarité qui unit les deux royaumes. En échange, le roi Alin de Durenor fit présent au Sommerlund d'un magnifique anneau d'or frappé du sceau royal de son pays. Cet anneau porte le nom de « Sceau d'Hammardal ». Lors de la cérémonie, le roi Alin jura que le royaume de Durenor viendrait aussitôt en aide à son allié si jamais le Sommerlund se trouvait à nouveau menacé par l'ombre des Ténèbres venue de l'occident.

Le roi vous a confié le Sceau d'Hammardal et votre mission consiste désormais à vous rendre au royaume de Durenor pour y chercher le Glaive de Sommer. Mais entre temps, les troupes ennemies ont réussi à forcer les lignes de défense de la capitale et s'apprêtent à assiéger la ville. Tandis que le capitaine Gayal, de la Garde du Roi, vous conduit à l'arsenal du Palais pour y prendre les armes que vous emporterez dans votre quête, les dernières paroles de votre souverain vous reviennent sans cesse à l'esprit : « Quarante jours, Loup Solitaire, tu n'as que quarante jours pour rapporter le glaive. Nous aurons la force de résister à l'ennemi pendant ces quarante jours. Après... Il sera trop tard... »

1

Le Capitaine Gayal et ses gardes vous escortent jusqu'aux portes de la citadelle : là, un chariot bâché vous attend. Dès que vous y avez pris place, les portes s'ouvrent et le chariot se fraie un chemin dans les rues populeuses de Holmgard, la capitale du Sommerlund. Le voyage est court, mais très inconfortable. Bientôt, le chariot s'arrête et le conducteur vient écarter les pans de la bâche qui vous dissimule aux regards. « Voici le quai d'embarquement, Seigneur Kaï, annonce le conducteur du chariot, et voici votre navire, *le Sceptre Vert*.

L'homme désigne un navire marchand qui mouille dans le port, près du quai d'embarquement. C'est une caravelle de belle apparence, soigneusement entretenue. « Le capitaine en second s'appelle Ronan, poursuit le conducteur, il vous attend de l'autre côté de la place, à l'auberge du Joyeux Drille. » Puis l'homme vous salue et disparaît dans la foule en se faufilant avec son chariot dans les rues étroites de la ville. Vous traversez la place mais lorsque vous parvenez devant l'auberge, vous constatez que la porte en est fermée à clé et que les volets des fenêtres sont clos. Tandis que vous vous demandez ce qu'il convient de faire, une main vous agrippe le bras et vous pousse dans un coin obscur. Si vous désirez dégainer votre arme et combattre l'inconnu qui vous a ainsi agressé, rendez-vous au **273**. Si vous préférez essayer d'échapper à son emprise en vous débattant, rendez-vous au **160**.

2

Vous suivez une route étroite et sinueuse, le long de la côte. De hautes falaises en surplomb se dressent sur un côté du chemin. A quelque distance, un éboulement interdit le passage et il vous faut vous arrêter pour dégager la voie. Mais alors que vous aidez le conducteur à soulever un énorme rocher en vous servant d'un levier, vous en entendez tomber un autre et un instant plus tard, une gigantesque masse de pierre se fracasse sur la chaussée, écrasant le conducteur sous son poids. L'homme est tué sur le coup avant que vous ayez pu faire le moindre geste pour essayer de le sauver. Le rocher est tombé du haut de la falaise et vous avez bien failli vous-même le recevoir sur la tête, car le malheureux qui vient de périr ne se trouvait qu'à deux mètres de vous. Si vous maîtriser la Discipline Kaï du Sixième Sens, rendez-vous au **42**. Dans le cas contraire, rendez-vous au **168**.

3

Vous sortez dans une petite ruelle, derrière la boutique et vous voyez, tout au bout, un cheval attaché à un piquet par une longe. Si vous souhaitez prendre ce cheval et fuir le village, rendez-vous au **150**. Si le cheval ne vous intéresse pas, quittez la ruelle et rendez-vous au **19**.

4

La taverne est remplie de brigands et d'ivrognes. Il y a là tous les bons à rien qui ont réussi à se faire engager dans les équipages des navires marchands amarrés dans le port. La plupart d'entre eux sont en train de boire et de chanter tandis que d'autres se mesurent au bras-de-fer. Tous sont si occupés que votre entrée passe inaperçue. Dans un coin, vous apercevez les pêcheurs qui vous ont volé. Ils sont assis autour d'une table encombrée de chopes de bière vides. Si vous voulez atteindre le Royaume de Durenor à temps, il vous faut à tout prix récupérer le Sceau d'Hammardal, ainsi que vos Pièces d'Or. Si vous souhaitez affronter les pêcheurs, rendez-vous au **104**. Si vous jugez préférable de parler à l'aubergiste, rendez-vous au **342**. Enfin, si vous voulez plutôt essayer de gagner quelques Pièces d'Or en engageant une partie dc bras-de-fer, rendez-vous au **276**.

5

La porte s'ouvre à la volée et un MONSTRE d'ENFER se rue sur vous en brandissant son épée. Vous frappez la créature dès qu'elle a pénétré dans la cale et sous l'effet du coup, une longue et profonde entaille apparaît sur sa poitrine. Le Monstre pousse un cri épouvantable, mais, malgré sa blessure, il a encore la force de bondir sur vous. Il vous faut engager un combat à mort.

MONSTRE
BLESSÉ HABILETÉ : 22 ENDURANCE : 20

Le Monstre d'Enfer est un être de l'au-delà, un mort vivant, et la puissance du Glaive de Sommer vous permet de multiplier par deux tous les points d'ENDURANCE qu'il perdra au cours du combat. Il est cependant insensible à la Puissance Psychique. Si vous parvenez à tuer le Monstre, vous pourrez vous enfuir de la cale par l'écoutille. Rendez-vous alors au **166**.

6

Le garçon a remarqué que vous le suiviez et dès qu'il est sorti, il tourne le coin du bâtiment et se met à courir en direction du sud. Vous vous lancez à sa pousuite, mais il a tôt fait de disparaître dans le dédale des allées qui longent les entrepôts du port. Vous vous dirigez vers l'est en empruntant la rue du Col Vert et vous passez devant une autre entrée du magasin. Un peu plus loin, vous remarquez une enseigne au-dessus de la porte d'une petite boutique. On peut y lire l'inscription suivante :

Si vous souhaitez entrer dans cette boutique, rendez-vous au **266**. Si vous préférez poursuivre votre chemin en direction de l'est, rendez-vous au **310**.

7

DORIER s'écarte d'un bond de la table et tire son épée. Un instant plus tard, son frère GANON vient à sa rescousse. Il vous faut les combattre tous deux comme s'il s'agissait d'un seul adversaire.

DORIER
GANON HABILETÉ : 28 ENDURANCE : 30

Votre attaque soudaine vous donne un avantage en raison de l'effet de surprise. Vous ajouterez de ce fait deux points à votre total d'HABILETÉ, *mais seulement lors du premier assaut*. Au cours des assauts suivants, votre total d'HABILETÉ reviendra à son niveau antérieur. L'entraînement que les deux hommes ont suivi pour devenir Chevaliers leur a donné une force mentale qui les met à l'abri de la Puissance Psychique. Si vous sortez vainqueur de ce combat, rendez-vous au **33**.

8

A la vérité, vous êtes plongé dans un sommeil si profond que vous ne vous réveillerez jamais plus car au cours de la nuit, un Serpent des Sables vous a mordu et son venin mortel a eu raison de vous en quelques secondes. Votre mission s'achève ici, en même temps que votre vie.

9

Vous êtes arrivé au quatorzième jour de votre quête. L'aube vient de se lever lorsque vous ouvrez les yeux ; vous contemplez alors un spectacle à vous couper le souffle : Hammardal la cité des montagnes, se dresse devant vous. Contrairement aux autres villes des Fins de Terre, la capitale du royaume de Durenor n'a jamais eu besoin qu'on lui élève de fortifications. Les sommets montagneux qui l'entourent offrent une bien meilleure protection à ses habitants. Le carrosse qui vous emporte file parmi les riches terres des fermes environnantes en direction de la cité aux hautes tours et aux larges avenues. Au centre même d'Hammardal, la Tour du Roi s'élève sur une colline. C'est un magnifique édifice de pierre et de verre devant les portes duquel s'arrête votre attelage. Pour la première fois, vous prenez alors conscience que le privilège d'avoir brandi le Glaive de Sommer vous fera désormais entrer dans les plus anciennes légendes des Fins de Terre. Rendez-vous au **196**.

10

Vous empochez le billet (inscrivez-le sur votre *Feuille d'Aventure* dans la case d'Objets Spéciaux) et l'homme vous conduit à la diligence qui attend à proximité de la porte Est du port. La diligence est vide et vous vous asseyez près d'une des fenêtres de forme circulaire. Vous constatez avec soulagement que le siège est très confortable ; c'est un avantage que vous appré-

9 *Au centre même d'Hammardal, la Tour du Roi s'élève sur une colline.*

ciez car il vous faudra voyager sept jours durant pour atteindre Port Bax. Vous rangez votre équipement sous la banquette, vous vous adossez confortablement et vous vous laissez gagner par le sommeil. Lorsque vous vous éveillez, cinq autres passagers ont pris place dans la diligence qui fait route en direction de Durenor. Utilisez la *Table de Hasard* pour obtenir un chiffre. Si vous tirez 0, 1, 2 ou 3, rendez-vous au **51**. 4, 5 ou 6, rendez-vous au **195**. 7, 8 ou 9, rendez-vous au **339**.

11

Vous vous cachez dans un grand tonneau en vous dissimulant sous votre cape de Seigneur Kaï. Mais votre tentative reste vaine car moins d'une minute plus tard, la trappe s'ouvre à la volée et les villageois furieux sautent sur le sol de pierre en brandissant des torches et des épées. Ils vous arrachent à votre tonneau et vous font rouler à terre à grands coups de pieds. Les cris de la foule étouffent vos supplications, inutile d'espérer la moindre pitié. Votre quête s'achève ici, en même temps que votre vie.

12

Le capitaine Kelman ouvre la porte d'une vitrine et en retire le damier d'un jeu de Samor. Les magnifiques figurines d'ivoire sculpté sont déjà disposées sur les cases lorsque le capitaine dépose avec précaution le damier sur la table. Vous acceptez, à contrecœur, de miser 10 Pièces d'Or et le jeu commence. Utilisez la *Table de Hasard* pour savoir qui va l'emporter. Si vous maîtrisez la discipline Kaï du Sixième Sens, vous avez le droit d'ajouter 2 au chiffre obtenu. Si le total est de 0, 1, 2 ou 3, rendez-vous au **58**. 4, 5 ou 6, rendez-vous au **167**. 7, 8, 9, 10 ou 11, rendez-vous au **329**.

13

Votre sens de l'orientation vous indique qu'il faut prendre le chemin de gauche pour parvenir au plus vite à Port Bax. Vous calez votre Sac à Dos sur vos épaules et vous vous remettez en route. Rendez-vous au **155**.

14

Dès que la lutte s'engage, vous vous servez du pouvoir que vous donne la discipline Kaï pour affaiblir la concentration de votre adversaire. Vous voyez la sueur perler à son front et ses yeux se fermer tandis qu'il cède peu à peu sous l'effet de votre implacable Puissance Psychique. Enfin, moins d'une minute plus tard, il s'écroule sur le sol, sans connaissance. Rendez-vous au **305**.

15

Il n'a plus l'air soupçonneux, à présent, mais surpris. « Je pensais que vous étiez un imposteur, Seigneur Kaï, dit-il, et je dois vous avouer que j'avais l'intention de vous donner une leçon que vous n'auriez jamais oubliée votre vie durant. Pardonnez-moi d'avoir douté de vous mais votre récit m'a paru si effrayant que je n'ai pu me résoudre à y croire, de peur qu'il ne fût vrai. J'ai fait le serment de défendre cette frontière et il m'est impossible de quitter la tour, mais si l'un quelconque des objets que je possède peut être utile à votre quête sachez que je vous en fait volontiers don. » Il dispose alors sur une grande table de chêne les objets suivants et vous invite à choisir l'un d'eux : Glaive, Masse d'Arme, Bâton, Potion de Guérison (une dose qui vous redonne 3 points d'ENDURANCE), 3 Repas, un Sac à Dos, 12 Pièces d'Or. Vous faites votre choix et vous vous apprêtez à quitter la tour. L'homme vous indique du doigt la direction à prendre. « Lorsque vous serez parvenu au chenal de Ryner, suivez le chemin orienté au nord. Vous arriverez alors à un pont que gardent des soldats du roi. Quand ils vous demanderont le mot de passe, vous répondrez : "Crépuscule". La route au delà du pont mène à Port Bax. Que Dieu vous aide, Loup Solitaire. » Vous remerciez ce valeureux guerrier et vous vous mettez en chemin. Il vous faut cependant abandonner votre cheval car il vous serait impossible de franchir sur son dos la forêt dense qui s'étend devant vous. Rendez-vous au **244**.

16

Vous saisissez un verre de bière et vous le fracassez contre le bord de la table. L'éclat de verre que vous tenez à présent entre vos doigts est coupant comme un rasoir. Vous en passez le tranchant sur le dos de votre main gauche et une longue estafilade apparaît aussitôt d'où s'écoule un mince filet de sang. Vous pressez ensuite la paume de votre main droite contre la blessure et vous vous concentrez. Une douceur tiède se répand alors sur votre main blessée tandis que votre pouvoir guérit la plaie. Lorsque vous ôtez votre main droite, il ne reste plus trace de la coupure, pas même la plus petite cicatrice. Le marin vous observe d'un air stupéfait. Rendez-vous au **268**.

17

Vous avez réussi à vous hisser à mi-corps lorsque la porte de la cale, au-dessous de vous, s'ouvre à la volée. Un MONSTRE D'ENFER se précipite alors et vous blesse aux jambes d'un coup de son épée noire avant même que vous ayez pu tenter de vous enfuir. La blessure est sérieuse et vous perdez 5 points d'ENDURANCE. Vous tombez ensuite au fond de la cale, et il vous faut combattre la créature jusqu'à ce que mort s'ensuive.

MONSTRE D'ENFER	HABILETÉ : 22	ENDURANCE : 30

Il s'agit là d'un mort vivant et la puissance du Glaive de Sommer vous permet de multiplier par deux tous les points d'ENDURANCE que perdra la créature. Elle reste cependant insensible à la Puissance Psychique. Si vous parvenez à tuer le Monstre d'Enfer, vous pourrez quitter la cale par la porte ouverte. Rendez-vous alors au **166**.

18

Un peu plus loin, la rue est complètement bloquée par des chariots que l'on décharge pour transborder la marchandise sur un navire de commerce. Vous poursuivez votre chemin ; la rue tourne bientôt vers l'est pour aboutir à la rue du Col Vert. A votre gauche, vous remarquez une autre entrée par laquelle on peut pénétrer dans le magasin de Ragadorn. Au-delà se trouve une petite boutique avec cette enseigne accrochée au-dessus de la porte :

Si vous souhaitez entrer dans le magasin de Ragadorn, rendez-vous au **173**. Si vous préférez pénétrer dans la boutique de l'armurier, rendez-vous au **266**. Si enfin vous décidez plutôt de poursuivre votre chemin en direction de l'est, rendez-vous au **310**.

19

A moins d'une vingtaine de mètres, un groupe d'hommes marche sur le pavé mouillé ; ils sont à votre recherche ; pour tenter de leur échapper, vous vous précipitez vers l'entrée sombre d'une petite boutique dans laquelle vous pénétrez aussitôt. Le cœur battant à vous rompre les côtes, vous priez le ciel qu'on ne vous ait pas repéré. Rendez-vous au **71**.

20

Cette rue infestée de rats descend en pente raide en direction des docks et des embarcadères du Fleuve Dorn. Lorsque vous parvenez sur le quai, vous apercevez le pont de Ragadorn, le seul et unique lieu de passage qui relie les rives est et ouest de ce port sordide. Vous vous frayez un chemin parmi la foule qui se presse sur le pont et vous empruntez une avenue au sol jonché d'ordures. Elle porte le nom Boulevard du Commerce, section Est. Rendez-vous au **186**.

21

Le tricheur est étendu raide mort à vos pieds. Vous retournez son cadavre, puis vous ôtez des manches de sa veste plusieurs cartes qu'il cachait là. Vous les jetez sur la table et bientôt la foule se disperse dans la taverne qui retrouve instantanément son vacarme et son agitation habituels. Les autres joueurs de cartes récupèrent leur or et vous laissent ce qui reste. Pour savoir quelle quantité d'or vous revient, utilisez la *Table de Hasard* en remplaçant exceptionnellement le zéro par le chiffre 10. Lorsque la Table vous aura donné un chiffre, vous le multiplierez par 3 ; le total obtenu représente le nombre de Pièces d'Or qui vous appartiennent désormais. Vous pouvez également prendre le Poignard si vous le désirez. N'oubliez pas d'inscrire toutes ces nouvelles acquisitions sur votre *Feuille d'Aventure*. Tandis qu'on enlève le cadavre du tricheur, vous vous approchez du bar et vous appelez l'aubergiste, puis vous lui glissez une Pièce d'Or au creux de la main en lui demandant une chambre pour la nuit. Rendez-vous au **314**.

22

Au matin, vous êtes réveillé par un cri de l'homme de quart : « Naufrage par tribord avant ! » Vous vous habillez en hâte et vous montez sur le pont pour rejoindre le capitaine qui se tient debout devant le bastingage de la proue. Utilisez la *Table de Hasard* pour obtenir un chiffre. Si vous tirez 0, 1, 2, 3 ou 4, rendez-vous au **119**. Si vous tirez 5, 6, 7, 8 ou 9, rendez-vous au **341**.

23

Pendant près de dix minutes, vous poursuivez la créature qui s'enfuit le long d'un passage étroit et sinueux. Vous êtes sur le point d'abandonner lorsque le passage s'ouvre soudain sur une immense caverne éclairée par des torches enflammées. Un spectacle saisissant s'offre alors à vous. L'endroit en effet, abrite une colonie entière de ces étranges créatures, les Noudics, qui sont fort occupées à examiner et à trier toutes sortes d'objets insolites empilés les uns sur les autres au beau milieu de la caverne. Si vous maîtrisez la discipline Kaï de la Communication animale, rendez-vous au **144**. Dans le cas contraire, rendez-vous au **295**.

24

C'est le tombeau de Killean le Suzerain. Il était l'un des seigneurs de Ragadorn jusqu'au jour où, trois ans plus tôt, une épidémie de peste rouge l'emporta en même temps que nombre de ses compatriotes. Vous vous rappelez soudain les récits que vous a faits un certain Renard Agile qui occupait un emploi d'artisan au Monastère Kaï. Cet homme s'était souvent rendu à Ragadorn et la peste rouge l'avait frappé tout comme elle avait frappé une bonne moitié de la population locale. Si vous souhaitez retourner dans la taverne, rendez-vous au **177**. Si vous préférez poursuivre votre chemin le long de la rue du Tombeau, rendez-vous au **253**. Si enfin vous désirez prendre la direction de l'est en empruntant la rue de la Tour de Guet, rendez-vous au **319**.

25

Vous parcourez du regard la taverne où s'entasse une foule de buveurs, et vous remarquez que de nombreux villageois jouent à des jeux de hasard. Près de l'entrée principale, un jeune personnage à l'allure louche est assis devant une table sur laquelle trois tasses d'argile sont retournées. Il les change sans cesse de place en mettant au défi qui veut l'entendre de deviner sous laquelle de ces trois tasses est cachée une bille de verre. Il promet de donner au gagnant le double de la somme que ce dernier aura misée. Si vous possédez les Disciplines Kaï du Sixième

Sens ou de la Maîtrise Psychique de la Matière, rendez-vous au **116**. Si ces deux Disciplines vous sont étrangères, rendez-vous au **153**.

26

Vous contemplez les orbites vides d'un cadavre ambulant. Mais quelque défiguré qu'il soit, vous reconnaissez le visage du capitaine Kelman. Vous vous trouvez en fait sur le pont du *Sceptre Vert* qui a sombré vingt quatre jours plus tôt au cours de la tempête. Le matin même, l'épave du navire a été arrachée aux profondeurs obscures de la mer et sa carcasse ira rejoindre la flotte des bateaux fantômes. Le capitaine zombie tend vers vous une main aux doigts brisés et vous supplie, d'une voix d'outre-tombe, de déposer sur le pont du navire le Glaive de Sommer : « Déposez l'épée à vos pieds et mon âme alors échappera à son tourment. » Si vous souhaitez accéder à sa demande, rendez-vous au **248**. Si vous préférez attaquer le Capitaine, rendez-vous au **66**.

27

Vous marchez pendant plus de trois heures le long de la route déserte qui suit la côte. Lorsque enfin la nuit tombe, vous êtes épuisé et vous décidez de prendre quelque repos jusqu'à l'aube. Vous vous remettrez alors en chemin. Mais bientôt, certains récits que les Maîtres Kaï vous ont faits vous reviennent en mémoire : il y était question du Pays Sauvage qui s'étend entre le Sommerlund et Durenor ; la nuit, des hordes de chiens féroces parcourent ces terres désolées, en quête de nourriture. Le souvenir de ces

26 *Le capitaine zombie tend vers vous une main aux doigts brisés.*

contes vous incite à la prudence et vous décidez de passer la nuit à l'abri d'un grand arbre au feuillage touffu, planté au bord du chemin. Vous prenez là un repos réparateur qui vous rend 2 points d'ENDURANCE (si tant est que vous en ayez perdu). Rendez-vous ensuite au **312**.

28

Les Squalls se mettent à hurler de terreur et s'enfuient en tous sens pour éviter vos coups. En quelques instants, ils ont déserté la clairière et vous vous approchez du moribond pour lui porter secours. Il lui reste tout juste un souffle de vie et il est bien entendu beaucoup trop faible pour parler. Si vous voulez retirer avec précaution la lance de sa poitrine, rendez-vous au **106**. Si vous préférez fouiller dans son sac dans l'espoir d'y trouver quelque objet qui pourrait se révéler utile, rendez-vous au **320**.

29

Vous soulevez le loquet et vous faites glisser le panneau de l'écoutille. L'ouverture provoque un brusque appel d'air et des flammes jaillissent aussitôt de la cale. Vous reculez en titubant et en tenant à deux mains votre visage brûlé par le feu. Vous perdez 2 points d'ENDURANCE. « Au feu ! Au feu ! » crie alors une voix. L'équipage saisi de panique s'efforce d'éteindre les flammes mais il faut plus d'une heure pour venir à bout de l'incendie. Les dégâts sont considérables : c'est en effet dans la cale qui a pris feu qu'étaient entreposées les réserves d'eau douce et les vivres ; il n'en reste plus rien désormais. Mais, peut-être plus grave encore, l'incendie a sérieusement endommagé la structure même du navire. Tandis que vous examinez les dégâts, le capitaine s'approche de vous, le visage noirci par la fumée. Il porte un paquet sous son bras. « Il faut que je vous parle en privé, my lord », dit-il à voix basse. Sans rien répondre, vous vous tournez vers lui et vous le suivez jusqu'à sa cabine. Rendez-vous au **222**.

30

Vous tombez sur les planches moisies du pont et vous passez au travers pour atterrir enfin au fond d'une cale. Vous êtes indemne, mais la puanteur dans laquelle baigne la navire est insupportable. Vous vous remettez sur pied et vous dégainez le Glaive de Sommer. Quatre ZOMBIES aux allures de fantômes sortent alors de l'ombre d'un pas chancelant en tendant vers votre gorge des mains noueuses et décharnées. Il vous faut les combattre en les considérant comme un seul et même ennemi.

LES ZOMBIES HABILETÉ : 13 ENDURANCE : 16

Ce sont des morts vivants, et la puissance du Glaive de Sommer vous permet de multiplier par dcux tous les points d'ENDURANCE qu'ils perdront au cours du combat. Ils sont cependant insensibles à la Discipline Kaï de la Puissance Psychique. Si vous êtes vainqueur, rendez-vous au **258**.

31

Votre première rencontre avec le Lieutenant Général vous surprend. Vous vous attendiez sans doute à voir un vieil homme servile, semblable à ces émissaires des contrées méridionales qui viennent sans cesse encombrer le palais du roi. Mais l'homme qui se tient devant vous, vêtu d'une lourde cotte de mailles, n'est ni vieux, ni servile. C'est même un personnage tout à fait exceptionnel comme vous n'allez pas tarder à le découvrir. Né d'un père sommerlundois et d'une mère durenoraise, le Lieutenant Général Rhygar est devenu dans cette ville une figure de légende. Au cours des dix dernières années, il a pris la tête d'une armée formée par l'Alliance des Nations et sous son commandement, les Barbares des Glaces venus du pays de Kalte ont été repoussés et taillés en pièces. Sage en temps de paix, implacable lorsque la guerre fait rage, c'est là le meilleur compagnon que vous puissiez souhaiter. Nul ne saurait mieux vous aider dans votre quête du Glaive de Sommer. Rhygar fait servir un somptueux repas ; jamais vous n'avez aussi bien mangé depuis que la guerre a commencé. Au cours du festin, vous repensez à tous les événements qui se sont déroulés entre votre départ du Sommerlund et votre arrivée à Port Bax. Vous songez également aux terribles périls qui vous attendent encore. A la fin du repas, Rhygar fait venir son médecin personnel qui s'empresse de soigner vos blessures. Les potions qu'il vous fait boire vous rendent 6 points d'ENDURANCE. Le praticien vous conseille ensuite de prendre une bonne nuit de repos car, au matin, vous partirez pour Hammardal en compagnie du Lieutenant Général. Le lendemain de bonne heure, on vous conduit dans un jardin clôturé, à l'arrière du consulat. Rhygar et trois de ses meilleurs soldats vous y attendent. Ils sont déjà montés sur leurs chevaux, prêts à vous accompagner jusqu'à Hammardal, la capitale de Durenor, distante de 370 kilomètres. Les rues de Port Bax s'éveillent à peine tandis que vous parcourez la ville à cheval. En passant la porte de pierre moussue qui marque la limite de la cité, vous vous sentez confiant dans le succès de votre mission : vous êtes quasiment sûr désormais de réussir. Utilisez la *Table de Hasard* pour obtenir un chiffre. Si vous tirez 0, 1, 2, 3 ou 4, rendez-vous au **176**. Si vous tirez 5, 6, 7, 8 ou 9, rendez-vous au **254**.

32

Le chant d'un coq vous réveille à l'aube. Les rues sinueuses de Ragadorn vous apparaissent alors derrière un voile de pluie, une pluie régulière et abondante qui martèle le pavé. Il y a six jours que vous avez quitté Holmgard et il vous reste 320 kilomètres à parcourir avant d'atteindre Port Bax. Vous êtes couché dans le grenier d'un vaste relais de diligence. Un groupe d'hommes vêtus d'uniformes verts vient d'arriver ; ils sont en train de nettoyer l'une des diligences. Vous entendez une voix dire que le prochain départ pour Port Bax aura lieu à une heure de l'après-midi et que le voyage durera sept jours. Vous avez faim et il vous faut prendre un Repas, sinon, vous perdrez 3 point d'ENDURANCE. Après avoir mangé, vous déciderez peut-être d'acheter un billet pour Port Bax aux employés de la diligence ; dans ce cas, vous vous rendrez au **136**. Mais vous pouvez également quitter le relais en empruntant l'échelle extérieure qui vous permettra de descendre directement dans la rue ; rendez-vous alors au **238**.

33

Les autres voyageurs contemplent d'un air horrifié et incrédule le résultat du combat que vous venez de livrer. Et avant que vous ayez pu fournir la moindre explication, la porte de l'auberge s'ouvre brusquement dans un grand fracas. Six soldats revêtus d'armures se précipitent à l'intérieur, conduits par l'aubergiste en personne. Les soldats sont des gardes de la ville et le tenancier borgne les exhorte à vous arrêter en poussant de grands cris. Si vous souhaitez affronter les soldats, rendez-vous au **296**. Si vous préférez vous enfuir par la porte de derrière, rendez-vous au **88**.

34

Tandis que vous fermez la porte de votre cabine, vous entendez les cris frénétiques de l'équipage qui se prépare à repousser les assaillants. Soudain, un bruit sourd ébranle le navire ; quelque chose vient de heurter le pont arrière ; des hurlements aigus retentissent alors que vous reconnaissez aussitôt : ce sont des GLOKS qui s'égosillent ainsi ! Les Bêtalzans ont déposé des Gloks sur le bateau et bientôt, la porte de votre cabine s'ouvre à la volée. Trois de ces hideuses créatures à la peau grise vous font face, en brandissant leurs épées à la lame tranchante et ruisselante de sang. Il vous est impossible de prendre la fuite et vous allez devoir les combattre en les considérant comme un seul et même ennemi.

GLOKS HABILETÉ : 16 ENDURANCE : 14

Si vous êtes vainqueur, rendez-vous au **345**.

35

Vous enjambez le soldat évanoui et vous vous hâtez de fuir la tour en direction de la forêt car si d'autres gardes apparaissent, il y a tout à parier qu'ils vous attaqueront avant de vous poser des questions. Vous avez marché pendant plus de deux heures lorsque vous parvenez à une bifurcation, à proximité d'un chêne rabougri. Si vous décidez d'aller à gauche, rendez-vous au **155**. Si vous préférez aller à droite, rendez-vous au **293**. Enfin, si vous maîtrisez la discipline Kaï de l'orientation, rendez-vous au **13**.

36

Cette nourriture vous semble délicieuse et en quelques minutes, vous avez vidé votre assiette. Vous décidez alors de faire un petit somme avant d'aller rejoindre les autres au bar. Mais comme vous vous apprêtez à vous étendre, une terrible douleur vous tord soudain l'estomac. Vos jambes se dérobent et vous vous écroulez sur le sol, le corps saisi de tremblements. Vous avez l'impression qu'un feu vous brûle tout entier. Un mot vous revient sans cesse à l'esprit, tournant dans votre tête d'une manière lancinante : poison... poison... poison... Si vous avez de l'herbe de Laumspur avec vous, rendez-vous au **145**. Si vous maîtrisez la discipline Kaï de la Guérison, rendez-vous au **210**. Si vous n'avez ni l'un ni l'autre, rendez-vous au **275**.

37

A l'intérieur de la diligence, il fait chaud et sec. Vous secouez votre cape de Seigneur Kaï pour la débarrasser des gouttes de pluie qui la recouvrent et vous remarquez alors la présence de trois autres passagers : deux femmes et un homme qui ronfle avec bruit. L'une des femmes lève les yeux vers vous et vous adresse un sourire. « Nous arriverons à Ragadorn dans six heures », dit-elle, puis elle dépose son panier sur le plancher pour que vous puissiez vous asseoir à côté d'elle. Elle vous apprend ensuite qu'elle habite Ragadorn et vous donne quelques renseignements sur sa ville. Depuis que Killean le Suzerain est mort il y a trois ans, raconte-t-elle, son fils Lachelan règne sur Ragadorn ; c'est un être malfaisant entouré de mercenaires qui sont en fait de purs et simples brigands. Ils saignent à blanc toute la population en levant de lourds impôts et si quelqu'un a le malheur de se plaindre, il a tôt fait de disparaître on ne sait où. La

37 *Vous remarquez trois autres passagers : deux femmes et un homme qui ronfle avec bruit.*

vie est bien dure là-bas et si vous voulez mon avis vous feriez bien de quitter Ragadorn le plus vite possible. Au cours de ce voyage, vous allez devoir prendre un Repas ; à défaut, vous perdrez 3 points d'ENDURANCE. Quelques heures plus tard, vous entendez au loin sonner une cloche. En jetant un coup d'œil par la fenêtre de la diligence, vous apercevez le mur d'enceinte de Ragadorn. L'attelage franchit bientôt la Porte Ouest, puis s'arrête. Vous sautez à terre et la terrible puanteur qui baigne ce port sordide vous monte aussitôt aux narines. Une enseigne rouillée, clouée à un mur porte ces mots : Bienvenue à Ragadorn. La femme vous indique alors que vous pouvez prendre une autre diligence pour Port Bax au relais situé près de la Porte Est de la ville. Si vous voulez marcher en direction du nord, le long de la rue de la Porte Ouest, rendez-vous au **122**. Si vous préférez aller vers le sud en empruntant la Promenade du Quai de l'Est, rendez-vous au **323**. Enfin, si vous décidez plutôt de vous orienter vers l'est en prenant la rue de la Hache, rendez-vous au **257**.

38

Vous saisissez la hampe de la lance que vous enfoncez dans la cage thoracique du Monstre d'Enfer. Celui-ci se met à hurler de douleur et de rage en relâchant l'étreinte de ses doigts autour de votre cou. Vous roulez alors sur vous-même pour échapper au Monstre hideux que vous voyez se tordre sur le sol en essayant désespérément d'arracher la lance de sa poitrine. Si vous souhaitez empoigner la lance pour l'enfoncer plus profondément dans le corps du Monstre d'Enfer, rendez-vous au **269**. Si vous préférez prendre la fuite le plus vite possible, rendez-vous au **313**.

39

A la tombée du jour, la diligence s'arrête devant une auberge sur la route qui longe la côte en direction de Port Bax. Le prix d'une chambre pour la nuit s'élève à une Couronne d'Or pour les passagers de la diligence et à trois Couronnes pour les autres clients. Au moment où vous vous apprêtez à entrer, le conducteur de la diligence vous demande votre billet. Si vous avez un billet pour Port Bax, rendez-vous au **346**. Si vous n'avez pas de billet, rendez-vous au **156**.

40

Il faut quatorze jours pour mobiliser l'armée et préparer la flotte de Durenor. Pendant tout ce temps, vous êtes l'hôte du roi, et vous demeurez à Hammardal, la capitale du royaume. Chaque jour qui passe accroît votre inquiétude : que deviennent vos compatriotes dans la ville assiégée de Holmgard ? Auront-ils la force de résister encore longtemps aux Maîtres des Ténèbres ? Puissent-ils tenir jusqu'à votre retour, c'est la prière que vous formulez sans cesse. Vous vivez cet exil à contrecœur en faisant chaque jour les exercices nécessaires pour vous maintenir en bonne condition physique ; vous vous adonnez également à la méditation. Un herboriste de Durenor, un certain Madin Rendalim est venu vous rendre visite. Sa science dans l'art de guérir est célèbre d'un bout à l'autre des Fins de Terre et il vous redonne tous vos points d'ENDURANCE ; vous disposez donc à présent du même total d'ENDURANCE qu'au tout début de votre mission. Madin Rendalim vous fait don par la même occasion d'une fiole de Laumspur : il s'agit d'une puissante potion de guérison qui vous permettra de récupérer 5 points d'ENDURANCE si vous la buvez après un combat. La fiole, cependant, ne contient qu'une seule dose (vous inscrivez cette potion sur votre *Feuille d'Aventure* dans la case Objets contenus dans votre Sac à Dos. Malheureusement, l'herboriste vous apporte également de mauvaises nouvelles : on a découvert le cadavre du Lieutenant Général Rhygar dans la forêt, près de l'entrée du tunnel de Tarnalin. Il a été tué par un Monstre d'Enfer. Si vous maîtrisez la discipline Kaï du Sixième sens, rendez-vous au **97**. Dans le cas contraire, rendez-vous au **242**.

41

Vous avez de la chance car votre signal de détresse a été aperçu par l'équipage du bateau qui met à présent le cap dans votre direction. C'est un petit bateau de pêche en provenance du port de Ragadorn. Les pêcheurs qui sont à bord paraissent plutôt patibulaires, mais ils se montrent amicaux avec vous ; ils vous donnent une couverture pour vous réchauffer et vous offrent de quoi manger. Le Capitaine vous conseille de faire un somme pendant les trois heures que durera le voyage de retour à Ragadorn. Si vous décidez de suivre ce conseil, reprenez un point d'ENDURANCE et rendez-vous au **194**. Si vous préférez rester éveillé et scruter la mer dans l'espoir de retrouver d'autres survivants du naufrage, rendez-vous au **251**.

42

Vous devinez que quelqu'un se cache au sommet de la falaise, juste au-dessus de vous ; vous sentez également que vous étiez la victime désignée de cet attentat. On veut vous tuer, vous en avez la certitude ! Rendez-vous au **168**.

43

Vous faites tournoyer le Glaive de Sommer d'un geste vigoureux et vous fauchez d'un coup quatre zombies, mais à peine leurs cadavres se sont-ils écroulés sur le pont que d'autres morts vivants viennent prendre leur place. Vous ne parviendrez jamais à les tuer tous et vous succomberez sous le nombre. Ils agrippent votre cape qu'ils commencent à déchirer et vous n'avez plus qu'à sauter par-dessus bord pour échapper à une mort certaine. Rendez-vous au **286**.

44

Le venin se répand dans votre sang, vos membres s'engourdissent et vous vous mettez à transpirer. Le clapotis des vagues et le cri des vautours au-dessus de votre tête sont les derniers bruits qui vous parviennent. Votre quête s'achève ici en même temps que votre vie.

45

Vous galopez le long du chemin forestier en direction des cavaliers vêtus de capes ; soudain, l'un d'eux lève un épieu de couleur noire au dessus de sa tête. A l'extrémité de l'épieu est fixé un cône d'acier, noir également, d'où s'échappe une flamme bleue étincelante. Vous vous apprêtez à porter votre premier coup lorsqu'un éclair aveuglant jaillit du bâton maléfique et explose juste à côté de vous. La force de la déflagration est telle que vous êtes projeté à terre dans les broussailles. Utilisez la *Table de Hasard* pour obtenir un chiffre. Si vous tirez un chiffre de 0 à 7, rendez-vous au **311**. Si vous tirez un 8 ou un 9, rendez-vous au **159**.

46

Vous vous efforcez de vous rappeler la signification de cette porte orange, mais sans succès. Si vous décidez d'entrer dans la boutique, rendez-vous au **214**. Si vous préférez poursuivre votre chemin, rendez-vous au **230**.

47

Les soldats se hâtent de descendre du toit et empoignent leurs lances ; puis ils s'avancent vers vous. « Le mot de passe, étranger ! » crie l'un deux. Si vous connaissez le mot de passe qui permet de franchir le pont, rendez-vous au **111**. Sinon, rendez-vous au **307**.

48

Vous désignez du doigt une chope de bière posée sur le bar et vous demandez au marin de l'observer attentivement. Vous fermez alors les yeux et vous vous concentrez jusqu'à ce que l'image de la chope se forme dans votre esprit. Sous l'effet de votre volonté, la chope s'élève bientôt dans les airs sous le regard médusé de votre interlocuteur. Rendez-vous au **268**.

49

Pendant trois jours et trois nuits, les navires de la flotte de Durenor font voile en direction du golfe de Holm. La traversée est rapide mais chacun des bateaux est malheureusement frappé par la malchance. Des voiles se déchirent, des cordages se dénouent mystérieusement et des voies d'eau se forment dans les coques. Les hommes entassés à bord se laissent gagner par l'énervement, des querelles éclatent, puis des bagarres qui souvent se terminent par la mort d'un des adversaires. Au bout de la troisième nuit, Lord Axim est au bord du désespoir. « Je n'ai jamais subi une aussi mauvaise traversée, dit-il, nous n'avons croisé aucun ennemi, nous n'avons livré aucune bataille et pourtant, la moitié de mes hommes sont malades ou blessés et nous avons perdu deux de nos plus beaux navires. La lune nous est contraire, une malédiction pèse sur nous. Puisse-t-elle se dissiper bientôt car, même si nous arrivions à Holmgard cette nuit même, nous n'aurions pas la force de repousser l'ennemi qui assiège la ville. » Tandis qu'il prononce ces paroles, vous voyez l'aube se lever. Vous pensez que ce jour nouveau vous apportera peut-être quelque soulagement mais, hélas, les eaux calmes qui vous entourent sont trompeuses et cachent en fait une menace mortelle. Rendez-vous au **100**.

50

Le moine se penche soudain en avant et dépose une autre Couronne d'Or sur l'assiette ; la diligence est alors autorisée à poursuivre sa route. « Peut-être pourrez-vous rendre la pareille un jour, mon fils », dit le moine en reprenant place sur la banquette avant que vous ayez pu dire un mot. Vous remarquez alors que le capuchon de sa robe de bure maintient constamment son visage dans l'ombre : voilà qui est étrange... Bientôt, la diligence traverse la rivière en crue et le voyage se poursuit. Rendez-vous au **249**.

51

Environ une heure plus tard, la diligence s'arrête devant le sanctuaire de Kalanane. On dit que le sanctuaire a été édifié sur la tombe du roi Alin, le premier souverain de Durenor et que, tout autour, pousse de l'herbe de Laumspur. Si vous souhaitez cueillir un peu de cette herbe, rendez-vous au **103**. Sinon, retournez dans la diligence en vous rendant au **249**

52

Soudain un cri à vous glacer le sang retentit dans l'obscurité, au-dessus de vous. Vous levez la tête et vous apercevez deux lueurs rougeâtres : ce sont les yeux d'un Monstre d'Enfer qui descend les marches quatre à quatre pour se jeter sur vous. Vous hurlez de terreur en cherchant frénétiquement une arme pour vous défendre. Si vous possédez une Lance Magique, rendez-vous au **338**. Sinon, rendez-vous au **234**.

53

Vous entendez des murmures parmi l'équipage ; de temps à autre, vous percevez distinctement certains mots : les hommes parlent de « vaisseaux fantômes » et de « malédiction » mais les murmures cessent lorsque le capitaine appelle tout le monde sur le pont. Le silence alors s'installe à bord du *Sceptre Vert* tandis que le capitaine Kelman s'adresse à l'équipage d'une voix puissante : « Nous sommes à trois jours de mer de Port Bax, dit-il, mais avec un bon vent et du cœur au ventre, nous pourrons y jeter l'ancre et festoyer à terre dans moins de deux jours. Le feu à détruit la plupart de nos vivres et nous devrons par conséquent nous contenter d'un repas par jour. Un garde sera mis en faction devant le baril d'eau douce. Nous sommes forts cependant et nous supporterons l'épreuve mais sachez que quiconque sera surpris à voler recevra cent coups de fouet. C'est tout ce que j'avais à dire ». L'équipage ne semble pas très satisfait des décisions du capitaine, mais personne n'ose défier son autorité. Plus tard dans l'après-midi, l'équipage et le capitaine vous invitent chacun de son côté à prendre votre repas du soir en leur compagnie. Si vous souhaitez dîner avec le capitaine, rendez-vous au **321**. Si vous préférez manger avec l'équipage, rendez-vous au **154**.

54

Au moment où vous franchissez la porte en courant, une lance s'enfonce dans votre poitrine avec une telle force que vous en êtes soulevé de terre. Le clair de lune s'estompe et la dernière vision que vous emporterez de ce monde n'a rien de réconfortant : les visages grimaçants de villageois réunis en cercle se penchent sur vous et des dizaines de mains vous poignardent à mort. Votre quête s'achève ici en même temps que votre vie.

55

Un homme de haute taille vêtu d'un tablier de cuir est en train d'aiguiser un glaive de belle apparence. L'homme est assis devant une meule qui projette des gerbes d'étincelles chaque fois que la lame de l'épée entre en contact avec la pierre.

Le forgeron vous souhaite le bonsoir et vous offre le glaive. « C'est une belle lame, dit-il, forgée dans un pur acier de Durenor. Pour douze Couronnes, elle est à vous. » Si vous souhaitez acheter ce glaive, inscrivez-le sur votre *Feuille d'Aventure* et soustrayez douze Couronnes de votre total de Pièces d'Or. Si vous décidez de quitter la boutique par la porte principale, rendez-vous au **347**. Si vous préférez passer par la porte de derrière, rendez-vous au **3**.

56

L'aubergiste vous tend un clé. « Chambre 4, deuxième porte à gauche en haut de l'escalier » annonce-t-il. Il faudra libérer les lieux une heure après le lever du soleil. Votre chambre n'est meublée que d'un lit, d'une chaise et d'une petite table. Avant d'aller vous coucher vous verrouillez la porte et vous coincez la chaise contre le panneau par mesure de sécurité. Dès demain, vous établirez un nouvel itinéraire pour rejoindre le royaume de Durenor. Rendez-vous au **127**.

57

Du dos de sa main gantee, l'un des gardes fait sauter de votre paume l'Or que vous lui offrez et les Pièces tombent dans les eaux sombres du chenal de Ryner. Utilisez la *Table de Hasard* pour savoir combien de Pièces vous avez perdues, en remplaçant le zéro par un 10. « Nous n'allons pas vendre la sécurité de notre royaume à si vil prix, dit le garde, seul un brigand ou un imbécile songerait à corrompre un soldat de Durenor et j'ai bien l'impression que vous êtes les deux à la fois. Vous avez eu le tort de porter atteinte à leur honneur et ils sont en train de vous donner une rude leçon. Rendez-vous au **282**.

58

« Pas de chance, Loup Solitaire, votre stratégie ne manquait pas d'audace, mais je crois bien que j'ai gagné à présent », déclare bientôt votre adversaire. Le capitaine avance alors une de ses pièces sculptées sur le damier et vous vous rendez compte que vous avez perdu. Vous le félicitez pour sa maîtrise du jeu de Samor et vous lui donnez 10 Pièces d'Or. « Peut-être voudrez-vous engager une autre partie demain soir ? demande-t-il, je suis homme à vous offrir une deuxième chance. » « Peut-être », répondez-vous sans vous avancer. Vous souhaitez bonne nuit au capitaine qui vous adresse un sourire et vous rejoignez votre cabine. Rendez-vous au **197**.

59

A coups d'éperons, vous lancez votre cheval en direction d'un Monstre d'Enfer qui s'apprête à frapper un soldat sans défense. Cette créature est insensible à la Discipline Kaï de la Puissance Psychique et ne peut être blessée que par une arme magique. Si vous possédez une Lance Magique, rendez-vous au **332**. Dans le cas contraire, il vous faut prendre la fuite en plongeant dans les broussailles pour vous y cacher ; rendez-vous alors au **311**.

60

HALVORC vous contemple d'un air stupéfait et incrédule.

HALVORC HABILETÉ : 8 ENDURANCE : 11

Il est incapable de se défendre au cours des deux premiers assauts en raison de l'effet de surprise de votre attaque. Vous ne perdrez donc aucun point d'ENDURANCE lors de ces deux assauts. Si votre adversaire est toujours en vie au moment du troisième assaut, il s'élancera sur vous armé d'un Poignard. Si vous sortez vainqueur du combat, rendez-vous au **76**.

61

La pluie tombe si dru qu'il vous est difficile de voir distinctement ; vous apercevez cependant les silhouettes sombres de gardes en patrouille qui s'avancent dans votre direction. S'ils vous arrêtaient pour vous demander ce que vous êtes venu faire à Ragadorn, vous pourriez bien finir dans l'une des nombreuses geôles de Lachelan le Suzerain. Il vaut mieux ne pas courir ce risque et vous décidez donc de battre en retraite le long de la rue du Chevalier Noir et de bifurquer le plus vite possible dans la rue du Sage ; votre tactique réussit et les gardes passent sans vous voir. Rendez-vous à présent au **181**.

62

Vous entrez dans une vaste pièce remplie de classeurs et de livres de comptes. Face à vous, un homme revêtu d'un uniforme d'officier des forces navales de Durenor est assis à un grand bureau. Il tient devant lui un énorme livre posé debout sur le bureau. A votre entrée, l'homme lève les yeux de son livre et vous jette un regard inquisiteur. « Vous devez avoir des affaires bien urgentes à mener pour solliciter un laissez-passer rouge à une heure aussi tardive. Je voudrais voir votre permis d'entrée et l'autorisation de votre officier commandant. » Si vous avez réuni ces documents au cours de votre quête, rendez-vous au **126**. Si vous n'avez pas les documents demandés, ou si vous ne souhaitez pas les présenter à cet homme, vous devrez prendre le risque de lui montrer le Sceau d'Hammardal et vous rendre dans ce cas au **263**. Si vous n'avez ni le Sceau, ni les documents, quittez la pièce et retournez dans le hall en vous rendant au **318**.

63

Vous êtes réveillé au milieu de la nuit par un poids qui pèse soudain sur votre poitrine. Vous écartez lentement les pans de votre cape et vous découvrez avec horreur qu'un Serpent des Sables s'est niché dessous. Si vous voulez essayer d'attraper ce serpent au venin mortel juste derrière la tête et le jeter au loin, rendez-vous au **188.** Si vous préférez vous lever d'un bond en essayant de faire tomber le serpent sur le sol, rendez-vous au **201**. Si vous maîtrisez la

Discipline Kaï de la Communication animale, rendez-vous au **264**.

64

Un peu plus loin, vous apercevrez une diligence semblable à celles qui transportent les voyageurs le long des côtes menant à Ragadorn. Les chevaux ont été dételés et le véhicule semble abandonné. Vous remarquez alors les corps de trois soldats étendus entre les roues. Leurs uniformes sont tachés de sang. Si vous souhaitez fouiller la diligence en espérant y trouver de la nourriture ou quelque objet utile, rendez-vous au **134**. Si vous préférez poursuivre votre chemin sans vous attarder, rendez-vous au **208**. Si enfin vous maîtrisez la Discipline Kaï du Sixième Sens, rendez-vous au **229**.

65

Tandis que vous courez le long de la rue de la Tour de Guet vous entendez derrière vous la voix du garde qui pousse des jurons. La voix s'évanouit bientôt et vous arrivez sur la Place du Tombeau. Devant vous, dans la rue du même nom, quatre soldats marchent dans votre direction. Vous les évitez en courant vers le sud pendant dix minutes environ, le long d'une rue recouverte de gros pavés. Enfin, vous apercevez une grande écurie et un relais de diligence dont les contours se dessinent dans l'obscurité, à quelque distance. Vous vous avancez dans l'ombre et vous parvenez à monter une échelle extérieure qui mène dans un grenier à foin. Personne ne vous a vu et vous êtes en sécurité pour la nuit. Rendez-vous au **32**.

66

Lorsque vous levez la lame étincelante de votre glaive le CAPITAINE ZOMBIE tire de sa veste en lambeaux un poignard menaçant. Il vous faut le combattre jusqu'à la mort de l'un d'entre vous.

CAPITAINE
ZOMBIE HABILETÉ : 15 ENDURANCE : 15

La puissance du Glaive de Sommer vous permet de multiplier par 2 tous les points d'ENDURANCE que le Capitaine perdra au cours de l'affrontement, mais votre adversaire est insensible à la Discipline Kaï de la Puissance Psychique. Si vous êtes vainqueur, rendez-vous au **218**.

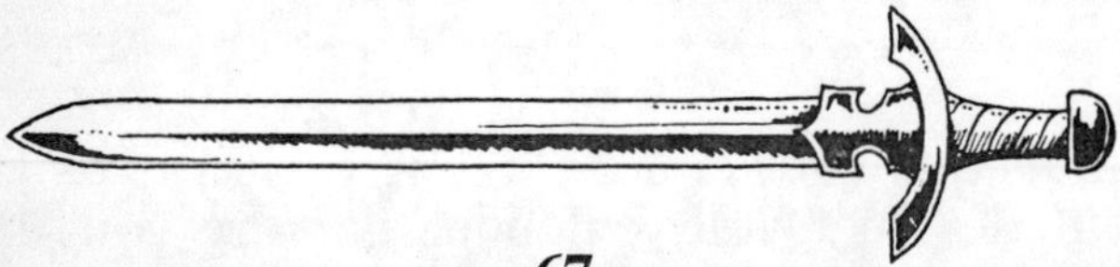

67

Vous arrivez très vite à la conclusion que l'imposteur a dû s'enfuir par l'entrée principale de la taverne ; s'il est resté dans les environs, il doit probablement se trouver sur la place principale ou à proximité. Vous fouillez les ruelles et les maisons autour de la place, mais vous ne découvrez pas la moindre trace du fuyard. Plutôt que de perdre votre temps en vaines recherches, vous décidez alors de revenir sur le quai. Là, vous détachez l'amarre d'un canot et vous ramez en direction du *Sceptre Vert* en éprouvant un sentiment de malaise : vous ne vous attendiez pas à ce que vos ennemis se manifestent si tôt, dès les premières heures de votre mission. Rendez-vous au **300**.

68

Le garde vous jette un regard méprisant. « Je suis un soldat de Durenor, dit-il, et votre or ne vous sera d'aucun secours avec moi. » Vous avez eu le tort de porter atteinte à son honneur et il vous donne une rude leçon. Rendez-vous au **306**.

69

L'un des étrangers sort de sous sa cape un épieu noir qu'il tend devant lui. D'un cône d'acier fixé à l'extrémité de l'épieu s'échappe soudain une flamme bleuâtre et un éclair jaillit dans votre direction. Un fracas assourdissant retentit lorsque l'éclair vient frapper le bouclier de Rhygar. « Pas de quartiers ! » crie alors le Lieutenant Général en se précipitant sur l'étranger à la lance de feu. L'épée de votre compagnon transperce la cape de son adversaire mais ce dernier reste indemne. Vous comprenez alors à qui vous avez affaire ; ces créatures vêtues de capes sont en effet des Monstres d'Enfer, des êtres cruels au service des Maîtres des Ténèbres dont ils sont les capitaines. Ils ont la faculté d'adopter une apparence humaine, mais ils restent invulnérables aux armes normales. Le Monstre d'Enfer que combat le Lieutenant Général pousse un cri terrifiant qui vous déchire la tête ; aveuglé par cette douleur fulgurante, vous trébuchez et vous tombez dans les broussailles épaisses qui recouvrent le flanc boisé de la colline. Si vous ne maîtrisez pas la Discipline Kaï

69 *D'un cône d'acier fixé à l'extrémité de l'épieu s'échappe soudain une flamme bleuâtre.*

du Bouclier Psychique, vous perdez 2 points d'ENDURANCE sous la violence de l'attaque mentale du Monstre. Rendez-vous au **311**.

70

Vous haletez de douleur lorsque le serpent plonge ses crochets dans votre bras. Vous saisissez le reptile juste derrière sa tête repoussante, vous l'arrachez à votre bras et vous le jetez dans l'herbe. Mais le serpent a eu le temps de vous infliger une profonde morsure et son venin commence à faire de l'effet. Si vous possédez le Pendentif à l'Etoile de Cristal, rendez-vous au **219**. Dans le cas contraire, rendez-vous au **44**.

71

Vous claquez la porte derrière vous et vous poussez le verrou. La boutique est sombre, mais vous parvenez cependant à distinguer un escalier à votre droite, une trappe au milieu du plancher et une porte dans le mur du fond. Soudain, vous entendez le fracas d'une hache qui vient de briser un panneau de la porte d'entrée. On vous a vu entrer dans la boutique et la populace est en train de défoncer la porte. Si vous souhaitez ouvrir la trappe et vous cacher dans la cave, rendez-vous au **11**. Si vous préférez quitter la boutique par la porte du fond, rendez-vous au **54**. Enfin, si vous décidez plutôt de monter l'escalier, rendez-vous au **235**.

72

L'aubergiste prend votre Pièce d'Or et pose devant vous une chope de bière mousseuse. C'est une bière forte et revigorante qui vous redonne un point d'ENDURANCE. Si vous souhaitez parler à l'aubergiste, rendez-vous au **226**. Si vous désirez prendre une chambre pour la nuit, il vous en coûtera 2 Pièces d'Or et vous vous rendrez au **56**. Si enfin vous souhaitez engager une partie de bras-de-fer, rendez-vous au **276**.

73

L'escalade se révèle malaisée car vous n'avez qu'une seule main libre, l'autre tenant le pommeau du Glaive de Sommer. Finalement, vous parvenez quand même au sommet de la tour et vous vous hâtez d'enjamber le muret qui tient lieu de garde fou. Vous vous apprêtez à sauter à l'intérieur de la tour et à passer à l'attaque lorsqu'une petite voix vous fige sur place. « Votre mort sera pour moi un spectacle tout à fait délectable, Loup Solitaire. » Vous apercevez alors le sorcier qui se tient dans le coin opposé de la tour, sa main gauche tendue vers vous. «Votre Mission a échoué, Loup Solitaire, dit-il ; à présent, il faut songer à mourir. » Un éclair s'échappe aussitôt de sa main et une flamme orange jaillit en direction de votre visage. Rendez-vous au **336**.

74

Vous posez vos mains sur sa poitrine et vous essayez de refermer sa blessure. Il a perdu beaucoup de sang et bien qu'il transpire abondamment, il a la peau froide. Ses yeux s'ouvrent alors et il prononce quelques mots à peine audibles. « Les pirates... Les pirates de Lakuri... Attention aux voiles rouges... Repoussez les pirates... » Le capitaine perd à nouveau connaissance. Vous l'enveloppez dans des couvertures et vous glissez un coussin sous sa tête, mais il a déjà plongé dans un sommeil dont il ne reviendra jamais. Pendant ce temps, les cadavres des membres de l'équipage ont été rassemblés sur le pont. Le capitaine Kelman s'approche de vous et vous tend un cimeterre noir qui semble particulièrement redoutable. « Ce n'est pas une épée de pirate, Loup Solitaire, dit-il, cette lame vient des forges de Helgedad. C'est une épée de Maître des Ténèbres. » On ne pouvait vous annoncer plus mauvaise nouvelle, car si les Maîtres des Ténèbres ont rallié les pirates de Lakuri à leur cause, le voyage jusqu'à Durenor sera plus périlleux encore que vous ne le pensiez. Vous jetez à l'eau le cimeterre noir et vous revenez à bord du *Sceptre Vert*. Et tandis que vous mettez le cap à l'est, le navire marchand de Durenor s'enfonce dans les profondeurs de la mer. Rendez-vous au **240**.

75

Vous pénétrez dans un bureau aux odeurs de moisi. Deux hommes y sont assis, penchés sur leurs tables qui ploient sous des piles de livres et de papiers. « Bonsoir Monsieur », dit l'un des hommes. Sa longue moustache soigneusement cirée tressaute quand il parle. « Monsieur désire-t-il un laissez-passer de marchand ? » demande-t-il. Avant même que vous ayez pu répondre, l'homme vous tend une poignée de formulaires incompréhensibles. « Si Monsieur veut bien se donner la peine de signer ici, je me ferai un plaisir de donner immédiatement à Monsieur son laissez-passer. Il en coûtera 10 Couronnes à Monsieur. » Si vous désirez signer ces papiers et faire l'achat d'un laissez-passer blanc, inscrivez-le sur votre *Feuille d'Aventure*, soustrayez les 10 Pièces d'Or qu'il vous aura coûté et rendez-vous au **142**. Si vous n'avez pas assez d'argent ou si ce laissez-passer ne vous intéresse pas, quittez le bureau et retournez dans le hall en vous rendant au **318**.

76

En fouillant ses longs vêtements tachés de sang, vous vous rendez compte avec un sentiment de malaise qu'aucune preuve ne permet d'affirmer que cet homme était bien celui qui cherchait à vous tuer. Vous ne trouvez sur lui qu'un Poignard et 2 Pièces d'Or que vous pouvez vous approprier si vous le désirez. Rendez-vous au **33**.

77

Au cours de votre entraînement au monastère Kaï, vos maîtres vous ont enseigné de nombreuses langues et dialectes en usage dans les régions septentrionales de Magnamund. L'un de ces dialectes est le squall. Or, il se trouve précisément que les créatures rassemblées dans cette clairière sont des Squalls. A grands cris, il vous expliquent que l'homme blessé n'a en réalité rien d'humain. C'est un Monstre d'Enfer, affirment-ils, un de ces êtres maléfiques qui ont le pouvoir de changer de forme à leur guise et qui comptent parmi les plus fidèles serviteurs des Maîtres des Ténèbres. Si vous pensez que les Squalls disent vrai, jetez un coup d'œil au contenu du sac de l'homme blessé en vous rendant au **320**. Si en revanche vous soupçonnez les Squalls de vous mentir pour vous dissuader d'intervenir dans leurs jeux répugnants, attaquez-les avec votre arme en vous rendant au **28**.

78

Vous faites un bond en arrière, juste à temps pour éviter d'être écrasé par le mât qui s'abat sur le pont en passant au travers. Vous vous relevez en chancelant et vous examinez les débris de bois. Le corps sans vie du capitaine Kelman est coincé sous le mât brisé. Vous contemplez ce spectacle d'un regard horrifié lorsque soudain la tempête ouvre une large brèche dans la coque déjà endommagée du *Sceptre Vert*. Et tandis que le navire se disloque, vous êtes projeté par-dessus le bastingage et vous tombez dans les flots déchaînés. A moitié étouffé, vous parvenez tant bien que mal à remonter à la surface pour prendre une bouffée d'air, et votre tête heurte alors un panneau d'écoutille. Vous perdez un point d'ENDURANCE et vous vous hissez sur ce radeau de fortune. Si vous portez une cotte de mailles, il faut vous en débarrasser, sinon, vous risquez de périr noyé. Rayez-la de votre *Feuille d'Aventure*. Dans la lumière grise de la tourmente, vous contemplez la coque brisée du navire qui sombre dans la mer. Vous êtes alors pris de vertige, vous

vous sentez mal et vous vous cramponnez de toutes vos forces au panneau d'écoutille, mais peu à peu, votre corps faiblit et vous perdez conscience. Lorsque enfin vous vous réveillez, la tempête s'est calmée. Il ne reste plus du *Sceptre Vert* que le panneau d'écoutille sur lequel vous êtes toujours étendu. A en juger par la position du soleil, l'après-midi touche à sa fin. Au loin, vous apercevez un petit bateau de pêche et au-delà, la côte qui s'étend à l'horizon. Si vous voulez essayer de signaler votre présence au bateau de pêche en agitant votre cape, rendez-vous au **278**. Si vous préférez ne pas vous occuper du bateau et tenter de rejoindre la côte en pagayant à l'aide de vos seules mains, rendez-vous au **337**.

79

Une puissante énergie se répand dans votre corps avec une telle force que vous en oubliez tout ce qui vous entoure. Instinctivement, vous levez le Glaive au-dessus de votre tête ; un rayon de soleil vient alors frapper l'extrémité de sa lame et une lumière blanche, aveuglante, jaillit aussitôt dans toute la pièce. C'est à ce moment précis que le véritable pouvoir du Glaive de Sommer se révèle à vous dans toute son ampleur. Cette arme a été forgée bien avant que les Sommerlundois, les Durenorais et les Maîtres des Ténèbres se soient installés sur les territoires des Fins de Terre. Ceux qui ont fabriqué le Glaive appartiennent à une lignée que les hommes appelleraient des dieux et seul un Seigneur Kaï peut déployer la puissance de cette arme exceptionnelle : si quiconque d'autre s'en servait

79 *Un rayon de soleil vient frapper l'extrémité de la lame.*

pour combattre, cette puissance faiblirait et finirait par disparaître à jamais. Lorsque vous en ferez usage lors d'un combat, le Glaive de Sommer ajoutera 8 points à votre total d'HABILETÉ et 10 points si vous avez choisi la discipline Kaï de la Maîtrise des Armes (bien entendu, il faudra, dans ce cas, que la Table de Hasard vous ait donné cette maîtrise à l'épée). Le Glaive a le pouvoir de rendre nulle toute pratique magique exercée par un ennemi contre celui qui le brandit ; en outre, si vous devez affronter des créatures de l'au-delà, des Monstres d'Enfer par exemple, tous les points d'ENDURANCE perdus par vos adversaires au cours des combats seront multipliés par 2 : telle est la puissance du Glaive de Sommer. Enfin, c'est la seule arme, au nord de Magnamund, qui puisse tuer un Maître des Ténèbres et c'est pourquoi vos ennemis feront tout pour empêcher le succès de votre mission. Vous avez pleinement conscience, à présent, de tenir entre vos mains le salut de votre peuple car nul autre pouvoir que celui du Glaive ne parviendra à lui donner la victoire. Peu à peu, la lumière blanche et aveuglante s'évanouit et vous sentez alors peser sur votre épaule la main de Lord Axim. « Venez, Loup Solitaire, dit-il, car il y a maintenant beaucoup à faire pour préparer votre retour au Royaume du Sommerlund. » Vous rangez le Glaive dans son fourreau incrusté de pierreries et vous suivez Lord Axim qui sort de la chambre du Roi. Apportez les modifications nécessaires à votre total d'HABILETÉ, en fonction des indications qui viennent de vous être données, et notez les pouvoirs que vous confère le glaive dans la case Objets Spéciaux de votre *Feuille d'Aventure*. Rendez-vous ensuite au **40**.

80

Le chevalier remet son épée au fourreau et vous conduit à l'intérieur de la tour. Vous le suivez le long d'un escalier de pierre qui mène à une vaste salle ; un feu de bois brûle dans une cheminée en répandant une agréable chaleur « Si vous êtes vraiment celui que vous prétendez être, vous devez avoir en votre possession le Sceau d'Hammardal. Dans ce cas, montrez le moi », ordonne le chevalier. Si vous acceptez de lui montrer le Sceau, rendez-vous au **15**. Si vous n'avez plus le Sceau ou si vous ne voulez pas le lui montrer, rendez-vous au **189**.

81

Le lendemain matin, vous êtes réveillé par la vigie postée dans le nid de pie : « Canot de sauvetage sur bâbord avant », annonce l'homme à grands cris. Vous montez sur le pont en affrontant la fraîcheur de la brise et vous y rencontrez le capitaine. A une cinquantaine de mètres sur bâbord avant, un canot endommagé dérive, ballotté par une forte houle. A bord, trois hommes serrés les uns contre les autres essayent de se protéger de la froideur du vent. Utilisez la *Table de Hasard* pour obtenir un chiffre. Si vous tirez entre 0 et 4, rendez-vous au **260**. Si vous tirez entre 5 et 9, rendez-vous au **281**.

82

Lorsque vous êtes assuré que la populace s'est bel et bien éloignée, vous sautez de la meule et vous courez le long de la rue en vous dissimulant dans l'ombre et en prenant bien garde à ne pas faire de bruit. Bientôt, vous apercevez sur votre gauche une boutique qui porte cette enseigne :

La vitrine de la boutique est éclairée et la porte ouverte. Si vous voulez entrer dans les lieux, rendez-vous au **55**. Si vous préférez continuer à courir le long de la rue, rendez-vous au **347**.

83

Au bout de la rue de la Bernicle, vous arrivez à un croisement. Il fait déjà nuit à présent et il va bientôt falloir vous trouver un abri. Si vous souhaitez tourner à gauche, dans la rue du Tonnelier, rendez-vous au **227**. Si vous préférez prendre à droite la rue de la Licorne, rendez-vous au **297**.

84

Dans l'entrée principale, un vieil homme est assis ; il arbore une longue barbe et semble fort aimable. Penché sur un lutrin, il est en train d'étudier un énorme livre à la reliure de cuir. Sa lecture l'absorbe tant qu'il n'a pas remarqué votre présence dans l'enceinte de l'hôtel de ville. Si vous souhaitez lui demander le chemin du consulat du Sommerlund, rendez-vous au **211**. Si vous préférez repartir et trouver vous-même votre chemin, rendez-vous au **191**.

85

VIVEKA renverse la table d'un coup de pied. Elle est rapide comme l'éclair et votre effet de surprise est complètement raté. Elle a déjà dégainé son épée et se jette sur vous.

VIVEKA HABILETÉ : 24 ENDURANCE : 27

Si vous remportez la victoire, rendez-vous au **124**.

86

De ce côté du port, de nombreux navires sont amarrés ; il y a là des bateaux de toutes sortes qui battent pavillon de tous pays. Le fleuve Dorn qui traverse la ville de Ragadorn connaît toujours une très grande activité : c'est la voie navigable la plus importante de la région. Vous êtes sur le point d'abandonner vos recherches lorsque vous repérez enfin le bateau de pêche de vos malandrins. Il n'y a personne à bord, mais une fouille en règle vous permet de découvrir une Masse d'Arme et trois Pièces d'Or dissimulées dans un hamac soigneusement plié. Une étiquette est cousue sur le hamac et porte ces mots : Taverne de l'Étoile du Nord rue de la Bernicle.

Vous prenez la Masse d'Arme et les Pièces d'Or et vous retournez sur la place du Poteau de Pierre. Si vous souhaitez aller vers l'est, le long de la rue de la Bernicle, rendez-vous au **215**. Si vous préférez aller au sud, en suivant le Dock de la Rive Ouest, rendez-vous au **303**.
Enfin, si vous choisissez plutôt de prendre la direction du nord en empruntant la rue du Butin, rendez-vous au **129**.

87

Lorsque vous levez votre arme pour en frapper le chevalier, vous vous rendez compte trop tard que vous avez commis une erreur fatale, car l'homme est un escrimeur de toute première force et les soldats appartiennent au régiment d'élite de la garde du roi Alin IV. Pensant que vous êtes un Monstre d'Enfer, ils vous encerclent et vous taillent en pièces. Votre mission s'achève tragiquement en même temps que votre vie, ici, à Tarnalin.

88

Bien que la nuit soit tombée, la pleine lune projette une brillante clarté sur tout le village. Derrière la taverne, vous apercevez la petite boutique d'un charron ; deux chevaux sont attelés à une charrette à foin stationnée juste devant la porte. Si vous souhaitez prendre l'un des chevaux pour vous enfuir au galop, rendez-vous au **150**. Si vous préférez vous cacher dans la boutique du charron, rendez-vous au **71**. Si enfin vous maîtrisez la Discipline Kaï du Camouflage, rendez-vous au **179**.

89

Au moment où vous sautez, le conducteur vous aperçoit et arrête aussitôt la diligence. Puis il se tourne vers vous, une épée à la main. Si vous souhaitez lui payer le prix d'un billet, rendez-vous au **233**. Si vous préférez l'attaquer, rendez-vous au **212**.

90

Deux SQUALLS et trois VILLAGEOIS en colère montent les marches quatre à quatre, bien décidés à vous faire un mauvais sort. Il vous faut les combattre un par un.

	HABILETÉ	ENDURANCE
1er VILLAGEOIS	10	16
1er SQUALL	6	9
2e VILLAGEOIS	11	14
2e SQUALL	5	8
3e VILLAGEOIS	11	17

Vous pouvez à tout moment prendre la fuite en sautant par une fenêtre. Dans ce cas, rendez-vous au **132**. Si vous parvenez à vaincre tous ces adversaires, rendez-vous au **274**.

91

Le garçon est expulsé du magasin par deux gardes vêtus d'un uniforme noir. Le marchand vous remercie et vous offre 2 objets que vous devrez choisir dans la liste suivante : Bâton, Couverture, deux Repas, Sac à Dos, Poignard, 100 mètres de Corde. Faites votre choix (deux objets à votre convenance) et inscrivez vos nouvelles acquisitions sur votre *Feuille d'Aventure* dans la case Sac à Dos. Vous remerciez ensuite le marchand et vous sortez par une porte latérale. Rendez-vous au **245**.

92

L'épouvantable créature pousse un dernier cri en s'écroulant à vos pieds. Vous faites un pas en arrière pour échapper à l'odeur putride qui se dégage de son corps en décomposition et vous voyez alors trois autres Monstres d'Enfer s'avancer vers vous. Rester ici relèverait du suicide et vous décidez de prendre la fuite en direction du bois après avoir prévenu Rhygar à grands cris du danger qui menace. Rendez-vous au **183**.

93

Déduisez de votre *Feuille d'Aventure* le nombre de Pièces d'Or que vous voulez donner aux mendiants. Ils vous remercient, mais d'autres mendiants apparaissent aussitôt en demandant que vous leur fassiez également l'aumône. Finalement, vous parvenez à vous frayer un chemin dans la foule et vous poursuivez votre route. Rendez-vous au **137**.

94

Vous insistez auprès du capitaine pour qu'on aille voir ce qui se passe à bord du bateau, mais il ignore votre demande et ordonne à ses hommes de poursuivre leurs tâches habituelles. Vous contemplez le navire marchand qui bientôt disparaît à l'horizon en vous demandant pourquoi le capitaine a refusé de faire quoi que ce soit, puis vous descendez dans la coursive et vous vous enfermez dans votre cabine en prenant bien soin de verrouiller la porte. Rendez-vous au **240**.

95

Vous lancez votre cheval à grands coups d'éperons parmi les arbres enchevêtrés et vous arrivez bientôt dans une petite clairière. Là, six Squalls surexcités sont en train de sautiller autour du corps convulsé d'un homme étendu sur le sol. Une lance à la hampe sculptée de motifs étranges est enfoncée dans sa poitrine et le cadavre d'un Chevalier de la Montagne Blanche repose à côté de lui. Les Squalls échangent des cris perçants et semblent tout à fait indifférents au sort de l'homme blessé qui visiblement agonise sous leurs yeux. Si vous souhaitez attaquer les Squalls, rendez-vous au **28**. Si vous maîtrisez la Discipline Kaï de la Guérison ou si vous disposez d'une potion de guérison ou d'herbe de Laumspur, vous pouvez essayer de sauver la vie de l'homme blessé en vous rendant au **239**.

96

Votre Sixième Sens vous indique que cet endroit est maléfique. Vous vous tenez devant la porte orange lorsque quelque chose soudain vous revient en mémoire. Rendez-vous au **112**.

97

Vous avez remarqué qu'au cours de vos exercices d'entraînement au maniement du Glaive de Sommer, votre maîtrise de la discipline Kaï du Sixième Sens s'est accrue : vous êtes à présent plus sensible que jamais et vous saviez déjà, bien avant qu'il ait parlé, quelle triste nouvelle Madin Rendalim allait vous annoncer. Sans nul doute, cette acuité exceptionnelle de votre Sixième Sens vous sera d'un grand secours lors de votre voyage de retour à Holmgard. Rendez-vous au **152**.

98

Votre Sens de l'Orientation vous indique qu'il n'y a aucun sentier dans cette partie de la forêt de Durenor mais il vous permet de savoir quelle direction il convient de prendre. La forêt qui s'étend devant vous est si dense, cependant qu'il vous sera impossible de la traverser à cheval. Vous allez donc être contraint d'abandonner votre monture devant la tour de guet, avant de poursuivre votre chemin. Si vous souhaitez vous mettre en route en direction de Port Bax, rendez-vous au **244**. Si vous préférez entrer dans la tour de guet, rendez-vous au **115**.

99

Le lendemain matin, vous êtes réveillé par la vigie postée dans le nid de pie. « Navire par bâbord avant ! » annonce l'homme à grands cris. Vous grimpez une échelle étroite et vous rejoignez le capitaine qui se tient à la proue. Vos yeux sont plus jeunes que les miens, dit-il en vous tendant une longue-vue ciselée, essayez de voir quel est ce bateau ». Vous distinguez alors à l'horizon les voiles rouges et le pavillon noir d'un navire de guerre mené par des pirates Lakuri. Utilisez la *Table de Hasard* pour obtenir un chiffre. Si vous tirez un chiffre entre 0 et 4, rendez-vous au **326**. Si vous tirez un 5, un 6, un 7, un 8 ou un 9, rendez-vous au **163**.

100

Un voile de brume s'est répandu sur la mer calme. Il vient des îles Kirlundin, un archipel rocheux situé au nord est du Sommerlund. Des formes étranges et sombres apparaissent bientôt dans le brouillard ; elles grandissent peu à peu et quelques minutes plus tard, on parvient à en distinguer plus nettement les contours : ce sont des navires. « Branle-bas de combat ! » crie aussitôt l'Amiral et son ordre est répété comme en écho sur tous les navires de la flotte de Durenor. « Tout le monde sur le pont ! » A mesure que les bateaux ennemis s'approchent dans le brouillard un spectacle terrifiant vous frappe de stupeur : ce sont en effet des vaisseaux fantômes qui s'avancent vers vous, des épaves menées par les cadavres vivants de marins péris en mer. Et ces navires renfloués par quelque effrayant prodige de haute sorcellerie se préparent à combattre la flotte de Durenor. Soudain, la brume se dissipe et vous voyez distinctement les bateaux fantômes se disposer en ligne pour interdire l'entrée du Golfe de Holm. Le vaisseau amiral de cette flotte maléfique a pris place au milieu de la rangée et fait voile vers vous, son rostre immense pointant à l'extrémité de sa proue noire. Un instant plus tard, le puissant éperon déchire la coque du *Durenor* et vous entendez la voix désespérée de l'amiral lancer un ordre : « Sauve qui peut ! Abandonnez le navire ! » Le *Durenor* à présent est encerclé par la flotte ennemie et sombre rapidement. Si vous souhaitez sauter sur le pont du vaisseau amiral de la flotte fantôme, rendez-vous au **30**. Si vous préférez plonger dans la mer et tenter de gagner à la nage un autre navire de la flotte de Durenor, rendez-vous au **267**.

101

Vous vous précipitez à l'intérieur de la cabine du capitaine ; celui-ci lève les yeux de la carte qu'il était en train d'étudier et vous regarde d'un air surpris. « Le feu a pris dans la cale ! » Vous avez parlé d'une voix haletante, le souffle coupé d'avoir tant couru. Un instant plus tard, le capitaine est sorti de sa cabine et donne l'ordre à ses hommes de remplir des seaux d'eau et de rassembler des couvertures pour étouffer l'incendie. Lorsque vous atteignez la cale avant, la fumée s'est épaissie et, soudain, une véritable frénésie s'empare du navire : des flammes en effet viennent de jaillir du panneau d'écoutille. Il faut plus d'une heure pour maîtriser le feu et les dégâts sont considérables. Les vivres et les réserves d'eau douce étaient entreposés dans cette cale : il n'en reste plus rien ; de plus, la coque du navire a été endommagée. Le capitaine remonte

100 *Le vaisseau amiral fait voile vers vous, pointant son rostre immense.*

de la cale enfumée et s'approche de vous, le visage noir de suie. Il porte un paquet sous son bras. « Je dois vous parler en privé, my lord », dit-il à voix basse. Sans dire un mot, vous le suivez jusqu'à sa cabine. Rendez-vous au **222**.

102

Le tunnel de Tarnalin est une véritable merveille. Il fait plus de trente mètres en hauteur et en largeur et traverse les montagnes de la chaîne d'Hammardal en donnant accès à la capitale. D'ordinaire, chariots et piétons s'y pressent, car c'est la voie obligée entre Port Bax et Hammardal. Mais lorsque vous y pénétrez, vous avez la surprise de constater qu'il est désert ; vous n'y découvrez qu'une carriole de fruits renversée sur la chaussée. La route qui s'enfonce dans les profondeurs du tunnel éclairé par des torches est vide et silencieuse. Et tandis que vous avancez sur la chaussée recouverte de pavés, un sentiment d'inquiétude vous saisit : et si les Monstres d'Enfer étaient arrivés à Tarnalin avant vous ? Vous marchez pendant une heure et vous arrivez alors à une bifurcation. Si vous souhaitez prendre la voie de gauche, rendez-vous au **64**. Si vous préférez aller à droite, rendez-vous au **164**. Enfin, si vous maîtrisez la Discipline Kaï du Sens de l'Orientation, rendez-vous au **325**.

103

Le Laumspur est une herbe délicieuse très recherchée d'un bout à l'autre des Fins de Terre en raison de ses vertus curatives. Vous en avez ramassé l'équivalent d'un Repas et ce Repas vous rendra 3 points d'ENDURANCE lorsque vous le prendrez (inscrivez sur votre *Feuille d'Aventure* votre moisson de Laumspur). Vous enveloppez soigneusement l'herbe que vous venez de ramasser et vous retournez dans la diligence en compagnie des autres voyageurs. Rendez-vous au **249**.

104

Les pêcheurs vous regardent bouche bée comme si vous étiez revenu d'entre les morts. Puis soudain, l'un d'eux renverse la table d'un coup de pied et s'enfuit avec les autres de la taverne par la porte de derrière. D'un bond, vous sautez par-dessus la table pour vous lancer à leur poursuite dans l'obscurité de la nuit. Si vous souhaitez continuer à les poursuivre, rendez-vous au **231**. Si vous préférez les laisser partir, rendez-vous au **177**.

105

Malheureusement pour vous, la corde a été presque coupée en deux par un coup d'épée et il faut craindre qu'elle ne casse sous votre poids. Utilisez la *Table de Hasard* pour obtenir un chiffre qui vous indiquera si la corde a tenu bon ou pas. Si vous tirez un chiffre entre 0 et 4, rendez-vous au **286**. De 5 à 9, rendez-vous au **120**.

106

La lance sculptée est en métal et pourtant elle est aussi légère que si elle avait été taillée dans du bois. Vous remarquez que la hampe est gravée de caractères runiques et de symboles magiques. Vous la retirez avec précaution de la poitrine de l'homme blessé qui pousse un long soupir de soulagement. Vous vous apprêtez ensuite à examiner sa blessure lorsqu'une subite douleur vous déchire la tête. Vous avez si mal que vous vous écroulez sur le sol en perdant 2 points d'ENDURANCE. Vous êtes alors stupéfait de voir l'homme se relever d'un bond, mais votre surprise se change en horreur quand soudain il se métamorphose devant vos yeux. La peau de son visage se convulse et change de couleur ; elle prend une teinte de plus en plus sombre et se ratatine en se décomposant à vue d'œil. Le crâne de l'homme apparaît, ses yeux s'enflamment d'une lueur rouge et brillante et de longs crocs jaillissent de sa mâchoire. La terreur vous saisit à la gorge lorsque vous comprenez enfin que cette créature est en réalité un MONSTRE D'ENFER, un de ces effroyables serviteurs des Maîtres des Ténèbres. Le monstre vous attaque en se servant de sa puissante Force Mentale et si vous ne maîtrisez pas la Discipline Kaï du Bouclier Psychique, vous perdrez 2 points d'ENDURANCE supplémentaires à *chaque assaut* mené contre lui au cours du combat. La créature est invulnérable aux armes ordinaires et à la Discipline Kaï de la Puissance Psychique. Vous ne pouvez la blesser qu'à l'aide de la Lance Magique, celle-là même qui était fichée dans sa poitrine.

MONSTRE
D'ENFER HABILETÉ : 22 ENDURANCE : 30

Il vous est impossible de prendre la fuite et vous

devrez poursuivre ce combat jusqu'à la mort de l'un des deux adversaires. Si vous êtes vainqueur, vous aurez le droit de conserver la lance. Inscrivez-la dans ce cas sur votre *Feuille d'Aventure* dans la case Lance Magique de la section Objets Spéciaux. Rendez-vous ensuite au **320**.

107

Le capitaine donne l'ordre d'aborder le navire marchand et une vision d'horreur s'offre alors à vous : des cadavres de marins jonchent le pont, nombre d'entre eux ont le corps percé de flèches et il semble qu'ils ont dû livrer un combat désespéré pour sauver leur cargaison ; les cales du navire sont vides, cependant, tout a été emporté. En descendant sur le pont inférieur, vous découvrez le capitaine dans sa cabine ; il est grièvement blessé et sa fin est proche. Si vous maîtrisez la Discipline Kaï de la Guérison, rendez-vous au **74**. Sinon, rendez-vous au **294**.

108

L'une des roues se coince dans une ornière et trois de ses gros rayons de bois se brisent sous le choc. Il vous faut interrompre votre voyage et remplacer la roue avant de pouvoir repartir vers Port Bax. Vous vous proposez d'aider le conducteur en soulevant la diligence à l'aide d'un levier puis en plaçant un petit tronc d'arbre sous l'essieu afin qu'on puisse glisser la nouvelle roue sur son axe. Vous pesez de tout votre poids sur la grosse branche qui fait office de levier lorsque les chevaux se cabrent soudain puis s'élancent en avant. La branche aussitôt se détend comme un ressort et vous frappe en plein visage en vous projetant à terre. Vous êtes à moitié assommé et vous perdez 2 points d'ENDURANCE. Le conducteur a moins de chance que vous car la diligence lui a passé sur le corps. Le malheureux meurt dans vos bras après avoir réussi, dans un ultime effort, à vous murmurer ces quelques mots à l'oreille : « Pas... un accident... j'ai vu... ». Si vous maîtrisez la Discipline Kaï du Sixième Sens, rendez-vous au **343**. Sinon, rendez-vous au **168**.

109

Vous battez des paupières pour chasser l'eau de vos yeux et vous constatez alors que le vaisseau amiral de la flotte fantôme est en flammes. Une fumée noire s'échappe de ses ponts et des langues de feu orange et jaunes jaillissent de sa coque moisie. Hélas, vous n'avez guère le loisir de contempler ce spectacle réconfortant ;

soudain, en effet, vous entendez un battement d'ailes au-dessus de votre tête : c'est un Kraan qui fond sur vous en essayant de vous saisir entre ses serres pointues. Il parvient à refermer ses griffes crochues sur l'étoffe de votre cape et vous vous sentez aussitôt emporté dans les airs. Le vol cependant est de courte durée, car vous dégainez le Glaive de Sommer et vous en plongez la lame dans le ventre flasque de la créature. Avec un cri de douleur, le Kraan lâche prise et vous retombez en priant le ciel que votre chute ne soit pas trop douloureuse. Rendez-vous au **120**.

110

Le GARDE ne vous croit pas et se rue sur vous, son épée à la main.

GARDE DE LA TOUR	HABILETÉ : 15	ENDURANCE : 22

Si vous ne possédez pas d'arme, retranchez 4 points de votre total d'HABILETÉ pendant toute la durée du combat. Vous pouvez prendre la fuite à tout moment en vous rendant au **65**. Si vous décidez de vous battre et que vous êtes vainqueur, rendez-vous au **331**.

111

A contrecœur, les gardes baissent leurs armes et vous autorisent à franchir le pont. Au moment où vous passez devant eux, ils vous fixent du regard puis se chuchotent quelques mots à l'oreille. Dès que vous avez franchi le chenal de Ryner vous vous hâtez de poursuivre votre chemin, de peur qu'ils ne changent d'avis et vous arrêtent. Au bout d'une heure de marche sur la route qui traverse la forêt, vous arrivez à un croisement où un poteau de signalisation indique la direction de l'est : PORT BAX 5 km. Vous souriez et vous suivez la flèche : dans une heure tout au plus, vous devriez être arrivé à destination. Rendez-vous au **265**.

112

Vous vous rappelez soudain ce qu'il vous a dit au sujet de la boutique à la porte orange. C'est le Quartier Général de la Fraternité du Silence, la célèbre police secrète de Lachelan. Entrer dans cette boutique serait plus dangereux encore que de pénétrer dans une pièce remplie de Drakkarim ! Vous vous détournez aussitôt de la porte orange et vous vous hâtez en direction du nord. Rendez-vous au **230**.

113

Lorsque Banedon vous a donné le Pendentif à l'Etoile de Cristal, il vous a parlé de cet homme : c'est Vonotar le Traître — un sorcier renégat de la Guilde des Magiciens de Toran. Il est passé maître dans l'art de la magie noire et les Maîtres des Ténèbres en personne l'ont investi d'un grand pouvoir. Ce sont ses agents qui ont essayé de vous tuer au cours de votre mission et c'est lui qui commande la flotte des vaisseaux fantômes. Si vous anéantissez Vonotar, vous anéantirez par là même la force maléfique qui donne son pouvoir à la flotte des bateaux fantômes et à son équipage. Vous pouvez grimper en haut de la tour et attaquer Vonotar en vous rendant au **73**. Si vous préférez ne pas risquer votre vie en vous mesurant à ce puissant magicien, fuyez ce navire en sautant par-dessus bord et rendez-vous au **267**.

114

Vous avez marché pendant trois heures sur cette route déserte qui longe la côte lorsque la nuit commence à tomber. Les terres alentour sont plates et désolées et vous n'avez pas vu signe de vie depuis que vous vous êtes mis en chemin. Vous décidez alors de prendre quelque repos à l'abri des branches d'un grand arbre qui s'élève au bord de la route. Vous posez votre tête sur votre sac à dos en guise d'oreiller, vous vous couvrez de votre cape de Seigneur Kaï et vous vous laissez emporter dans un profond sommeil. Utilisez la *Table de Hasard* pour obtenir un chiffre. Si vous tirez un chiffre entre 0 et 3, rendez-vous au **206**. Entre 4 et 7, rendez-vous au **63**. Si vous tirez 8 ou 9, rendez-vous au **8**.

115

Devant la porte de la tour de guet, la végétation a été arrachée et le sol bien tassé par de nombreux passages. Vous êtes en train de chercher un trou de serrure sur cette porte à l'armature de fer lorsqu'elle s'ouvre soudain. Un Chevalier de la Montagne Blanche se tient devant vous, son épée levée face à son visage. « Exposez le but de votre visite et parlez sans détours. Si vous mentez, je vous répondrai par le glaive. » Si vous souhaitez révéler au chevalier le véritable but de votre voyage à Durenor, rendez-vous au **80**. Si vous voulez lui mentir, rendez-vous au **324**. Si enfin vous préférez tirer votre épée et l'attaquer, rendez-vous au **162**.

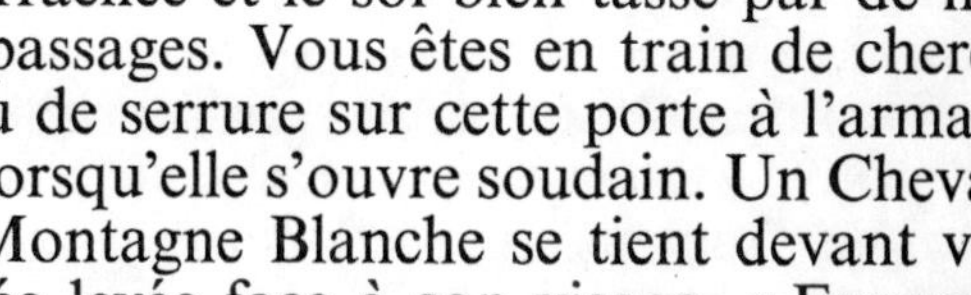

116

Grâce à la Discipline Kaï, vous n'avez aucune difficulté à découvrir sous quelle tasse la bille est cachée, car pour vous l'argile est aussi transparente que le verre. Utilisez la *Table de Hasard* pour obtenir un chiffre et ajoutez-y 5. Vous saurez ainsi combien de Pièces d'Or vous avez gagnées avant que le fripon vous soupçonne et mette fin au jeu. Votre bourse est à nouveau remplie et vous retournez au bar où vous payez le prix d'une chambre, soit une Pièce d'Or. Rendez-vous au **314**.

117

C'est une de ces grosses diligences, semblables à celles qui transportent les voyageurs de grands chemins au royaume du Sommerlund. Le cocher tire les rênes et arrête ses chevaux en vous observant de sous le large bord de son chapeau. Vous lui demandez où il va. « Nous allons à Ragadorn, répond-il ; nous arriverons là-bas vers midi. Il vous en coûtera 3 Couronnes pour un billet mais vous pouvez voyager sur le toit pour une Couronne seulement. » Si vous souhaitez voyager à l'intérieur de la diligence, payez 3 Couronnes au cocher et rendez-vous au **37**. Si vous préférez voyager sur le toit, donnez-lui une Couronne et rendez-vous au **148**. Enfin, si vous n'avez pas de quoi payer le voyage, vous n'aurez plus qu'à laisser repartir la diligence et à continuer à pied ; rendez-vous dans ce cas au **292**.

118

Vous dites adieu à Rhygar et vous entrez dans le tunnel de Tarnalin. D'une largeur et d'une hauteur de 30 mètres environ, le tunnel traverse les montagnes de la chaîne d'Hammardal et permet d'accéder à la capitale. Des torches l'éclairent sur toute sa longueur et les marchands sont nombreux à l'emprunter car c'est la seule voie qui relie Port Bax à Hammardal. D'ordinaire, la circulation y est intense mais vous constatez avec surprise qu'il est désert au moment où vous y pénétrez ; vous n'y trouvez qu'une carriole de fruits renversée sur la chaussée. Vous continuez à avancer dans le tunnel et un doute alors vous saisit : les Monstres d'Enfer seraient-ils arrivés avant vous ? Au bout d'une heure de marche, vous apercevez une étrange créature perchée sur le toit d'un chariot au milieu de la chaussée. L'animal mesure une soixantaine de centimètres de haut et ressemble à un rat géant. Vous pensez qu'il s'agit là d'un rongeur qui a établi ses quartiers dans le tunnel mais vous remarquez en vous approchant que la créature porte une magnifique veste de cuir en patchwork et qu'elle tient une lance dans sa patte.

L'animal se tourne soudain vers vous lorsqu'il entend vos pas. Les moustaches de son museau frémissent tandis qu'il renifle alentour et ses yeux scrutent l'obscurité. Dès qu'il vous voit, il prend la fuite et disparaît dans un tunnel plus petit situé à votre gauche. Si vous voulez suivre cette créature, rendez-vous au **23**. Si vous préférez la laisser filer sans vous en soucier et poursuivre votre chemin, rendez-vous au **340**. Si

118 *Le rat géant porte une magnifique veste de cuir en patchwork et tient une lance dans sa patte.*

vous maîtrisez la Discipline Kaï de la Communication animale, rendez-vous au **279**.

119

Des débris de bois, des planches, des madriers et des voiles déchirées flottent sur les vagues parsemées d'écume. C'est là tout ce qui reste d'un navire marchand. Mais soudain, vous apercevez un homme cramponné à un panneau d'écoutille. Une échelle de corde lui est aussitôt jetée et le malheureux est ramené à bord. « Les pirates ! » dit-il simplement avant de s'écrouler sur le pont, à bout de forces. Après qu'on l'a enveloppé dans une couverture, l'homme est emmené dans une cabine. Il a reçu de nombreuses blessures et sa fin est proche. « Voici un forfait qui porte la signature des pirates Lakuri, vous confie le capitaine, mais il est rare qu'on les croise dans ces eaux ; ils doivent être sur la piste d'un riche butin pour s'être ainsi éloignés de leurs îles tropicales. » Et tandis que votre navire reprend sa route en direction de Durenor, vous ne pouvez vous empêcher de penser que ce « riche butin » pourrait bien être vous-même. Rendez-vous au **240**.

120

La chance est avec vous : vous atterrissez en effet sans dommage sur le pont du *Kalkarn,* un vaisseau de guerre de la flotte de Durenor. Les marins y ont livré un rude combat dont ils sont sortis vainqueurs et ils sont occupés pour le moment à détacher les grappins que leur avait lancés l'un des bateaux fantômes. Emergeant d'un nuage de fumée, Lord Axim apparaît ; son visage est ensanglanté et son bouclier porte la trace de coups violents. « Dieu merci, vous êtes vivant, Loup Solitaire. La bataille a été sans merci et nos pertes sont élevées, mais de vous voir debout devant moi me met quelque baume au cœur », dit-il en vous prenant par le bras pour vous emmener près du bastingage. « Regardez là-bas, poursuit-il, leur vaisseau amiral est en feu. » A travers la brume noirâtre provoquée par la bataille, vous distinguez l'énorme vaisseau fantôme qui sombre sous un panache d'épaisse fumée. Pendant ce temps les marins du *Kalkarm* ont réussi à détacher leur navire du bateau fantôme qui les avait abordés et à l'éloigner des débris parsemant la mer alentour. Un vent se lève qui enfle les voiles déchirées et dissipe la fumée des combats. Lord Axim ordonne bientôt que soit hissé le pavillon aux Armes Royales de Durenor afin que les autres navires rescapés puissent rallier le *Kalkarm*. Pour la première fois depuis le début de la bataille, vous pouvez distinguer les autres navires de la flotte de Durenor et une vision stupéfiante s'offre alors à vous, car à présent que le vaisseau amiral de la flotte ennemie a sombré dans les flots, tous les autres bateaux fantômes retournent au fond de la mer d'où les avait tirés la magie des Maîtres des Ténèbres. « Le charme est rompu, dit Lord Axim, et nous avons remporté la victoire. » Quelques minutes plus tard, il ne reste plus un seul vaisseau fantôme à la surface de la mer. Rendez-vous au **225**.

121

Vous courez le long de la rue de la Vigie et vous atteignez bientôt le quai, là où le fleuve Dorn sépare les parties Est et Ouest de la ville. A votre gauche, vous apercevez le pont de Ragadorn, un ouvrage d'une grande laideur dont le fer a rouillé et qui constitue le seul point de passage entre les deux moitiés de Ragadorn. Les cris des voleurs retentissent encore à vos oreilles tandis que vous vous frayez un chemin parmi la foule qui encombre le pont. Mais lorsque vous êtes parvenu de l'autre côté, les voleurs ont abandonné la poursuite et vous vous engagez dans une large avenue qui porte le nom de boulevard du Commerce, section Est. Rendez-vous au **186**.

122

Cette rue longe les murs de la ville en direction du nord. Sur votre droite, vous remarquez une boutique dont la porte est de couleur orange. A la différence des autres boutiques de la rue, celle-ci ne porte aucune enseigne. C'est alors que vous revient en mémoire le récit qu'un Seigneur Kaï vous avait fait il y a environ un an à son retour d'un voyage dans la ville de Ragadorn. Il vous avait parlé de cette porte orange à plusieurs reprises. Utilisez la *Table de Hasard* pour obtenir un chiffre. Si vous tirez un chiffre entre 0 et 4, rendez-vous au **46**. Entre 5 et 9, rendez-vous au **112**. Si vous maîtrisez la Discipline Kaï du Sixième Sens, rendez-vous au **96**.

123

Une étrange énergie anime votre corps. Instinctivement, vous levez le glaive au-dessus de votre tête et un rayon de soleil vient frapper l'extrémité de la lame d'où jaillit aussitôt une lumière blanche aveuglante. Un instant plus tard, cependant, la lumière s'évanouit et vous sentez peser sur votre épaule la main de Lord Axim. « Venez, Loup Solitaire, dit-il, il y a encore beaucoup à faire pour préparer votre retour au Royaume du Sommerlund. » Vous rengainez le glaive dans son fourreau incrusté de pierreries et vous suivez Lord Axim qui vous entraîne hors de la chambre du Roi. Rendez-vous au **40**.

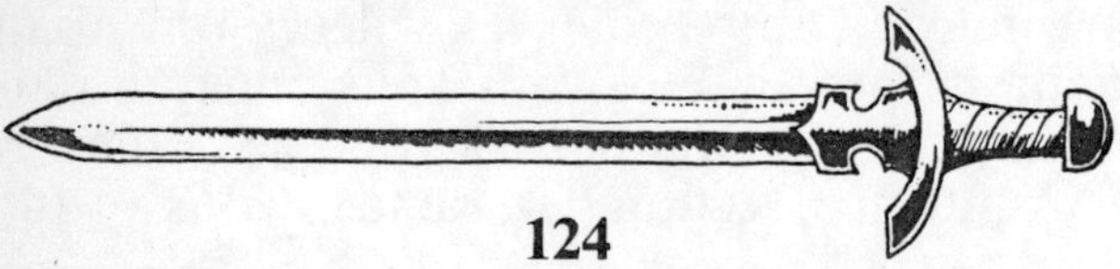

124

Vous la fouillez mais vous ne découvrez aucune preuve qu'elle était bien celle qui voulait vous assassiner. Vous trouvez sur elle 42 Pièces d'Or, un Sabre et un Poignard. Prenez ce que vous voulez parmi ces objets si le cœur vous en dit et le cas échéant, inscrivez-les sur votre *Feuille d'Aventure*. Rendez-vous ensuite au **33**.

125

Vous vous précipitez par la porte latérale de la taverne et vous courez tout au long d'une ruelle qui aboutit à la place principale. Vous apercevez, au-delà de la foule qui se presse en tous sens de nombreux bateaux amarrés aux quais. Les brigands vous suivent de près et il vous faut agir vite, sinon ils vous tueront comme ils ont sans doute tué Ronan. Vous défaites alors l'amarre d'un canot puis vous sautez du quai et vous atterrissez lourdement dans l'embarcation, en fracassant dans votre chute le petit siège de bois aménagé au milieu. Vous trouvez une rame au fond du canot et vous pagayez ferme pour rejoindre le *Sceptre Vert* qui mouille à trois cents mètres de là. Rendez-vous au **300**.

126

L'homme tire sur la corde d'une clochette dissimulée aux regards et, soudain, quatre gardes armés font irruption dans la pièce. « Ces documents sont des faux. Vous êtes sans aucun doute un espion, peut-être même pire. Quoi qu'il en soit, vous n'allez pas tarder à apprendre ce que nous faisons des criminels dans votre genre, à Port Bax. Emmenez-le ! » Avant que vous n'ayez pu fournir la moindre explication, les gardes vous saisissent et vous emmènent à la prison de la ville. Tout votre équipement est confisqué, y compris les Objets Spéciaux et les armes et on vous jette dans une cellule remplie de canailles à l'aspect patibulaire. Vous remarquez aussitôt que plusieurs de ces fripons portent au poignet gauche un tatouage qui représente un serpent : c'est le signe de Vonatar le Traître. Et lorsque enfin les gardes découvrent votre véritable identité en examinant votre équipement, il est trop tard : les séides du sorcier vous ont déjà étranglé. Votre mission s'achève donc tragiquement en même temps que votre vie dans un cul-de-basse-fosse de Port Bax.

127

Vous vous éveillez à l'aube, au son de la pluie qui tombe à verse sur les pavés de la rue. Il y a maintenant six jours que vous avez quitté Holmgard et il vous faut prendre un repas, sinon, vous perdrez 3 points d'ENDURANCE. Vous rassemblez ensuite vos affaires et vous quittez la pièce. Tandis que vous descendez l'escalier branlant, vous apercevez l'aubergiste qui est en train de nettoyer le carrelage à l'aide d'une serpillière. Si vous voulez demander à l'aubergiste quel chemin prendre pour gagner Durenor, rendez-vous au **217**. Si vous préférez quitter les lieux sans lui adresser la parole, rendez-vous au **143**.

128

Une lueur dorée parcourt la lame du Glaive lorsque vous le levez au-dessus de votre tête pour faire face à l'ennemi. Vous êtes attaqué par six ZOMBIES terrifiants que vous devez combattre en les considérant comme un seul et même adversaire.

LES ZOMBIES HABILETÉ : 13 ENDURANCE : 19

Ce sont des morts vivants et la puissance du Glaive de Sommer vous permet donc de multiplier par deux tous les point d'ENDURANCE qu'ils perdront au cours du combat. Ils restent cependant insensibles à la Discipline Kaï de la Puissance Psychique. Si vous êtes vainqueur, rendez-vous au **237**.

129

Vous passez devant plusieurs entrepôts alignés sur le quai et vous arrivez au mur d'enceinte du port. Là, le chemin que vous suivez tourne brusquement à droite pour aboutir dans la rue du Tombeau. Quatre gardes en armes marchent au milieu de la rue. Vous ne voulez pas prendre le risque d'être interpellé et arrêté par ces soldats et vous vous réfugiez dans une ruelle en cul-de-sac, à votre droite. Mais soudain, les gardes s'immobilisent à l'entrée de la ruelle. Il suffirait que l'un d'eux tourne la tête dans votre direction pour que vous soyez immédiatement repéré. Cherchant une issue, vous apercevez derrière vous une fenêtre ouverte : un coup d'œil à l'intérieur vous permet de distinguer la salle comble d'une taverne. Il n'y a pas à hésiter : en un instant, vous enjambez le rebord de la fenêtre et vous entrez dans la taverne. Rendez-vous au **4**.

130

Le moine qui voyageait en votre compagnie dans la diligence s'est approché de vous. « Vous avez besoin de vous reposer, comme nous tous, dit-il, je comprends votre embarras, mon fils ; aussi, permettez-moi de mettre en pratiquc ce que je m'efforce de prêcher. » Il vous conduit alors au bar puis dépose une Pièce d'Or dans la main de l'aubergiste. « Veuillez donner une chambre à mon ami », dit-il avec un sourire. Rendez-vous au **314**.

131

Vous leur demandez ce qu'ils vous veulent. Pour toute réponse, ils tirent tous trois d'une poche de leur veste de longs poignards à la lame recourbée. Leur chef fait alors un pas en avant et vous ordonne de lui donner votre or. Comme vous hésitez, il crie « A l'attaque ! » et les trois VOLEURS bondissent aussitôt sur vous. Si vous ne disposez d'aucune arme, retranchez 4 points de votre total d'HABILETÉ et combattez-les à mains nues. Il vous faut les affronter un par un.

	HABILETÉ	ENDURANCE
Chef VOLEUR	15	23
1er VOLEUR	13	21
2e VOLEUR	13	20

Vous pouvez prendre la fuite au cours du combat en vous rendant au **121**. Si vous parvenez à tuer les trois voleurs, rendez-vous au **301**.

132

Vous atterrissez dans la rue boueuse au milieu d'une pluie de verre brisé. La chute vous a quelque peu secoué mais vous êtes indemne. Un villageois furieux, armé d'une matraque, essaie de vous fracasser le crâne, mais vous roulez sur vous-même et vous vous relevez d'un bond ; avant qu'il ait eu le temps de vous atteindre, vous êtes déjà en train de courir le long de la rue sinueuse ; vous n'êtes pas au bout de vos peines cependant, car un Squall à cheval se précipite sur vous, sa lance levée. Il s'apprête à vous frapper lorsque vous faites un pas de côté qui vous permet d'éviter le coup. Vous saisissez alors la hampe de son arme et vous déséquilibrez le Squall qui glisse de sa selle. Si vous souhaitez frapper le Squall à l'aide de sa propre lance, rendez-vous au **317**. Si vous préférez vous emparer de son cheval pour prendre la fuite, rendez-vous au **150**. Si vous décidez de garder la lance, n'oubliez pas de l'inscrire sur votre *Feuille d'Aventure*.

133

Vous regardez le marin droit dans les yeux et vous concentrez votre Puissance Psychique sur sa main ouverte. Soudain, l'homme tombe de sa chaise en se tenant la main et en hurlant comme s'il venait de saisir des charbons ardents. Lorsque vous lui expliquez que seul votre pouvoir a provoqué cette douleur, il vous contemple d'un air stupéfait. Rendez-vous au **268**.

134

Un cri à vous glacer le sang jaillit tout à coup de l'obscurité et vous vous retrouvez face à un Monstre d'Enfer aux yeux étincelants. Ses mains vous attrapent à la gorge et il essaie de vous étrangler ; dans un hurlement de terreur, vous tombez à terre : l'immonde créature déchire alors votre tunique de ses doigts noirs aux griffes crochues. Si vous possédez une Lance

134 *Vous vous retrouvez face à un Monstre d'Enfer aux yeux étincelants.*

Magique, rendez-vous au **38**. Sinon, rendez-vous au **304**.

135

« Voici votre abri », dit le chevalier d'un ton bourru en montrant du doigt les bois qui s'étendent derrière vous. Avant que vous ayez pu répondre quoi que ce soit, il fait un pas en arrière et ferme à clé la lourde porte de la tour. La forêt qu'il vous a montrée est très dense ; des herbes et des buissons d'épines s'enchevêtrent dans les sous-bois et il faut renoncer à y pénétrer à cheval. Il ne vous reste donc plus qu'à abandonner votre monture et à poursuivre votre route à pied. Rendez-vous au **244**.

136

« Il vous en coûtera 20 Couronnes pour vous rendre à Port Bax », lance le cocher qui s'exprime avec un fort accent de Ragadorn. Si vous possédez ces 20 Couronnes et que vous souhaitez acheter un billet, rendez-vous au **10**. Si vous n'avez pas assez d'argent, rendez-vous au **238**.

137

Vous arrivez à un croisement ; la rue du Mendiant tourne en direction du sud et aboutit à la rue du Chevalier Noir. Quelques mètres plus loin, une autre voie, la rue de l'Ancre, mène en direction de l'est. La pluie tombe de plus en plus dru, à présent. Si vous souhaitez aller vers le sud le long de la rue du Chevalier Noir, rendez-vous au **259**. Si vous préférez suivre la rue de l'Ancre en direction de l'est, rendez-vous au **20**.

138

Au bout d'une heure de marche, vous atteignez le sommet d'une colline. Devant vous s'étend la forêt de Durenor. La route s'oriente vers l'est et s'enfonce sous les arbres à proximité d'une grande tour de bois. Vous apercevez devant la tour un soldat en faction. Si vous voulez poursuivre votre chemin en direction de la tour, rendez-vous au **232**. Si vous préférez éviter le garde, faites un large détour et pénétrez dans la forêt plus loin au sud en vous rendant au **244**.

139

L'entraînement que vous avez suivi dans l'art de la chasse vous permet de reconnaître les fruits comestibles ou vénéneux qui poussent dans les régions septentrionales de Magnamund. Ces fruits violets sont des Larnumes. C'est là un mets de choix, sucré et nourrissant. Vous en mangez à satiété et vous en faites provision pour l'équivalent de 2 repas. Conservez-les dans votre Sac à Dos. Au-delà des larnumiers, les arbres qui portent ces fruits, vous distinguez une large route qui suit la côte en menant, au choix, vers l'est ou vers l'ouest. Si vous voulez aller vers l'est, rendez-vous au **27**. Si vous préférez prendre la direction de l'ouest, rendez-vous au **114**.

140

Les deux gardes contemplent le Sceau avec une stupeur mêlée de respect. Tous les habitants de Durenor connaissent bien la légende du Sceau d'Hammardal et l'on dit que, de tous les trésors perdus du royaume, le Sceau d'Hammardal est celui dont personne ne souhaite le retour. L'inquiétude qu'exprime le visage des deux gardes montre qu'ils savent parfaitement ce que l'anneau signifie. L'un des soldats vous accompagne sur l'autre rive du chenal de Ryner et le long d'une route forestière qui aboutit à un croisement. Un panneau indicateur orienté vers l'est précise : PORT BAX 5 km. « Il me faut vous quitter à présent et retourner au chenal, dit le garde, j'ai bien peur que la guerre ne vienne bientôt assombrir ce royaume et mon devoir est de surveiller la frontière. Que Dieu vous accorde son aide, homme du Sommerlund. » Vous le regardez s'éloigner le long du chemin forestier puis vous vous remettez en route en direction de l'est. Vous devriez avoir atteint Port Bax dans une heure tout au plus. Rendez-vous au **265**.

141

Le mât s'écrase sur le pont et un débris de bois vous frappe à la tête en vous jetant par-dessus bord. Vous vous débattez dans les vagues pour refaire surface puis vous vous agrippez à un panneau d'écoutille qui flotte à portée de main. A moitié assommé, vous perdez 2 points d'ENDURANCE. Vous vous hissez ensuite sur ce radeau de fortune en vous y cramponnant de toutes vos forces : si vous portez une cotte de mailles, il faut vous en débarrasser immédiatement, sinon, vous êtes sûr de périr noyé. Rayez-la de votre *Feuille d'Aventure*. Vous êtes soudain pris de vertige, vous vous sentez mal, et tandis que la forte houle vous ballotte en tous sens, vous sombrez peu à peu dans l'inconscience. Lorsque vous vous réveillez au bout de plusieurs heures, la tempête s'est calmée. A en juger par la position du soleil, l'après-midi touche à sa fin. Au loin, vous apercevez un petit bateau de pêche et au-delà, un rivage qui se dessine à l'horizon. Il ne reste plus du *Sceptre Vert* que le panneau d'écoutille sur lequel vous êtes assis. Si vous voulez essayer de signaler votre présence au bateau de pêche en agitant votre cape, rendez-vous au **278.** Si vous préférez ne pas vous occcuper du bateau et tenter de rejoindre la côte en pagayant à l'aide de vos seules mains, rendez-vous au **337**.

142

L'homme prend votre argent et vous tend un laissez-passer valable sept jours. Vous le remerciez puis vous quittez les lieux. Au-dehors, vous prenez à gauche et vous vous approchez des gardes qui se tiennent en faction au bout de la rue. Rendez-vous au **246**.

143

Vous marchez en direction du sud en suivant le quai et bientôt, vous arrivez à un croisement où une rue mène vers l'est. Toutes les boutiques de cette rue sont fermées, sauf une, située à votre droite. Une enseigne est accrochée au-dessus de la porte :

JINELDA KOOP ALCHIMISTE

Achat et vente de potions magiques

Si vous souhaitez entrer dans cette boutique,

rendez-vous au **289**. Si vous préférez poursuivre votre chemin, rendez-vous au **186**.

144

Un grand Noudic vêtu d'une cape de soie en patchwork aux couleurs vives ordonne à quelques-uns de ses congénères de prendre leurs armes et de vous reconduire au-dehors. Vous leur parlez alors dans leur propre langue et un murmure de stupeur parcourt aussitôt la caverne. Jamais encore ils n'ont rencontré d'être humain qui sache parler leur dialecte. Certains d'entre eux en sont abasourdis au point de vous contempler bouche bée, les yeux ronds et les pattes ballantes. Le grand Noudic s'adresse alors à vous en se présentant comme le chef de la colonie. Il déclare se nommer Gashiss et vous souhaite la bienvenue en vous invitant à le rejoindre sur une estrade dressée au centre de la caverne. « Vouzz n'êtezz pazz de Dzurzenorz, vouzz l'homme là, heinzz ? vous demande-t-il avec un fort accent noudic, d'ouzz venezz vouzz donczz ? » Vous lui dites que vous êtes sommerlundois et que vous vous rendez à Hammardal. Le Noudic alors vous jette un regard inquiet. « Vouzz n'êtezz pazz unzz Zombizarre, au moinzz, j'espèrezz ? » demande-t-il d'une voix anxieuse. Vous comprenez aussitôt que le mot « Zombizarre » désigne les Monstres d'Enfer dans la langue noudic et il vous apprend bientôt que deux de ces créatures malfaisantes sont arrivées à Tarnalin il y a deux heures et ont provoqué une panique générale dans le tunnel. Gashiss sait où ces deux monstres se cachent ; ils vous attendent pour vous tendre une embuscade. « Vouzz voulezz que je vouzz montrezz commentzz lezz évitezz, vouzz, l'homme là, heinzz ? » propose-t-il. Vous acceptez volontiers cette offre et il vous fait signe de le suivre au bas de l'estrade. Les Noudics à présent ont surmonté leur stupeur et ils semblent vous considérer comme l'un d'eux. Avant que vous ne quittiez la caverne, une jolie femelle noudic vous offre quelques provisions. Il y a là l'équivalent de deux Repas. Vous la remerciez de sa générosité et vous suivez Gashiss le long d'un des nombreux couloirs qui partent de la caverne. Au bout d'une heure de marche dans l'obscurité, il s'arrête et vous montre un rayon de lumière qui filtre par une crevasse à quelque distance. « Enzz sortantzz par làzz, vouzz n'aurezz plus rienzz à craindre, vouzz, l'homme là, heinzz ? » déclare votre guide. Vous le remerciez de vous avoir aidé mais vous remerciez surtout en votre for intérieur les Maîtres Kaï qui vous ont enseigné la Discipline de la Communication animale. Ces longues années d'apprentissage vous ont sans doute sauvé la vie. Vous vous faufilez bientôt par une crevasse de la paroi rocheuse et vous vous laissez tomber sur la chaussée qui longe le mur à un mètre au-dessous. Les Noudics se sont montrés fort serviables et vous leur en êtes très reconnaissant jusqu'au moment où vous vous apercevez qu'il ne vous reste plus une seule Pièce d'Or ! Ils vous ont tout dérobé et vous n'avez plus qu'à modifier votre *Feuille d'Aventure* en conséquence. Vous vous trouvez toujours dans le tunnel de Tarnelin que vous continuez à suivre en vous rendant au **349**.

144 *Un grand Noudic vêtu d'une cape en patchwork ordonne de vous reconduire au-dehors.*

145

Vous vous sentez de plus en plus faible. Au prix d'un effort surhumain, vous cherchez l'herbe de Laumspur que vous finissez par trouver ; il vous semble qu'il s'est écoulé une éternité de douleur lorsque vous parvenez enfin à glisser dans votre bouche quelques feuilles sèches que vous vous forcez à avaler. Quelques secondes plus tard de violents malaises convulsent votre corps puis la douleur s'apaise et vous sombrez dans un sommeil agité. Il s'écoule presque une heure avant votre réveil et vous vous sentez encore très mal ; si mal que vous perdez aussitôt 5 points d'ENDURANCE. Peu à peu cependant, vos forces reviennent et votre désarroi se change alors en fureur. Vous ramassez vos affaires et vous quittez la pièce d'un pas chancelant, bien décidé à retrouver celui ou celle qui a tenté de vous assassiner. Rendez-vous au **200**.

146

Vous aviez raison. Ce nuage est formé par une nuée d'énormes Bêtalzans et de Kraans, une espèce plus petite, mais tout aussi mortelle. Pendant sous leur ventre noir, ils tiennent dans leurs serres d'immenses filets dans lesquels s'entassent des GLOKS. Les Bêtalzans fondent alors sur le *Sceptre Vert* et un filet rempli de Gloks hurlants s'écrase sur le pont. Certains n'ont pas survécu à la chute mais la plupart sont indemnes et vous attaquent sans tarder. Il vous faut les combattre en les considérant comme un seul et même ennemi.

GLOKS HABILETÉ : 15 ENDURANCE : 15

Si vous êtes vainqueur, rendez-vous au **345**.

147

La mise en pratique de votre Discipline Kaï vous indique que le chemin aboutit à un cul-de-sac. Seul le pont peut vous permettre de franchir le chenal de Ryner et d'atteindre Port Bax. Rendez-vous au **47**.

148

Vous vous enveloppez dans votre cape de Seigneur Kaï et vous en relevez le capuchon. Le cocher lance un cri puis fouette ses chevaux et bientôt la diligence file sur la route bordée d'arbres qui longe la côte en direction de Ragadorn. Au cours du trajet, vous bavardez avec le cocher qui vous donne des renseignements fort utiles concernant le port de Ragadorn. Depuis la mort de Killean le Suzerain, trois ans auparavant, la ville est dirigée (et fort mal, d'après votre interlocuteur) par son fils Lachelan. Ses hommes et lui ne sont en fait que des brigands qui accablent le peuple d'impôts et assassinent quiconque s'oppose à leur pouvoir. Tandis que le cocher vous parle, vous vous sentez tenaillé par la faim et il vous faut à tout prix prendre un repas, sinon vous perdrez 3 points d'ENDURANCE. Quelques heures plus tard, la ville de Ragadorn se dessine dans le lointain. Une cloche sonne les douze coups de midi et bientôt, la diligence franchit la porte ouest de la cité puis s'arrête au relais. « Si vous voulez vous rendre à Durenor, vous devrez prendre une autre diligence au relais de la Porte Est, mais dépêchez-vous, car le départ est prévu à une heure. » Vous remerciez le cocher pour ces renseignements et vous sautez sur la chaussée recouverte de pavés. Vous êtes alors frappé par l'effroyable puanteur qui baigne ce port sinistre. Une enseigne rouillée accrochée à la façade en ruines d'une maison porte ces mots : « Bienvenue à Ragadorn ». Si vous souhaitez aller vers le sud le long de l'avenue de la Porte Ouest, rendez-vous au **323**. Si vous préférez vous diriger au nord en suivant le Quai de l'Est, rendez-vous au **122**. Enfin, si vous choisissez plutôt d'aller vers l'est en empruntant la rue de la Hache, rendez-vous au **257**.

149

Votre Sixième Sens vous indique que ce garde est un soldat loyal du royaume de Durenor. Si vous vous mêliez de vouloir le corrompre, il se sentirait gravement insulté et vous attaquerait aussitôt. Si vous souhaitez lui montrer le Sceau d'Hammardal, rendez-vous au **223**. Peut-être préférez-vous cependant ne pas lui montrer l'anneau ; peut-être même n'est-il plus en votre possession ; dans ce cas vous pouvez essayer de vous faire passer pour un marchand se rendant à Port Bax en allant au **250**.

150

Vous lancez votre cheval dans les rues sinueuses du village, puis vous traversez un pont de bois ; vous montez ensuite un sentier escarpé qui conduit au sommet d'une crique. A la clarté de la lune, vous apercevez un poteau indicateur orienté vers l'est. Vous chevauchez toute la nuit

sans prendre le temps de dormir et lorsque l'aube se lève enfin le paysage s'est métamorphosé d'une manière surprenante. Les terres arides du Pays Sauvage ont fait place à des landes et à des marécages, et, aussi loin que porte le regard, une ombre noire s'étend à l'horizon en direction de l'est. C'est la forêt de Durenor, la frontière naturelle du royaume des montagnes qui borde à cet endroit les espaces inexplorés du Pays Sauvage. Voilà sans nul doute une vision réconfortante qui vous met quelque baume au cœur. Vous n'êtes plus qu'à une journée de cheval de Port Bax mais vous êtes épuisé après cette nuit blanche et il vous faut prendre un repas ou vous perdrez trois points d'ENDURANCE. Si vous maîtrisez la Discipline Kaï de la Chasse, vous pouvez en faire usage et capturer du gibier qui vous fournira les viandes nécessaires pour reprendre des forces. Vous avez chevauché pendant une heure lorsque vous arrivez à une bifurcation, mais vous ne voyez aucun poteau indicateur. Si vous souhaitez prendre le chemin de gauche, rendez-vous au **261**. Si vous préférez aller à droite, rendez-vous au **334**.

151

Vous utilisez votre technique du camouflage pour imiter l'accent rocailleux des habitants de Ragadorn et vous essayez de faire croire au soldat qu'une bagarre a éclaté dans la rue du Tombeau. Vous affirmez que les gardes de la ville ont été submergés par le nombre et qu'il doit immédiatement courir à leur secours. Vous saurez si votre mensonge a réussi en utilisant la *Table de Hasard* pour obtenir un chiffre. Si vous tirez un chiffre entre 0 et 4, rendez-vous au **262**. Si vous tirez un chiffre entre 5 et 9, rendez-vous au **110**.

152

L'aube vient de se lever sur le 33e jour de votre quête lorsque vous entrez à cheval dans Port Bax en compagnie de Lord Axim. Les préparatifs de guerre sont achevés ; les vaisseaux de la flotte de Durenor mouillent dans le port, attendant l'ordre de mettre les voiles en direction du Sommerlund. A bord des navires, une puissante armée de soldats courageux et bien entraînés attend avec impatience d'affronter au combat les Maîtres des Ténèbres. Chacun de ces hommes a juré de libérer ses alliés assiégés par l'ennemi ou de mourir sur le champ de bataille. Vous-même prenez place à bord du vaisseau amiral *Durenor*, un grand navire à la proue arrondie et à la haute mâture dont la seule présence donne une impression de force imposante. L'Amiral Calfen qui commande la flotte vous accueille sur le pont lorsque vous vous présentez accompagné de Lord Axim. Il ne reste plus à présent qu'à donner l'ordre du départ. En moins d'une heure, les navires ont laissé le port loin derrière eux et les dômes de Port Bax ne sont plus que de simples points à l'horizon. Utilisez la *Table de Hasard* pour obtenir un chiffre. Si vous tirez un chiffre entre 0 et 3, rendez-vous au **216**. Entre 4 et 6, rendez-vous au **49**. Entre 7 et 9, rendez-vous au **193**.

153

Vous laissez le fripon à ses tasses et à sa bille et vous vous approchez d'un groupe d'hommes qui jouent aux cartes près de l'escalier de la taverne. Au bout d'un moment, vous vous apercevez que l'un des joueurs est en train de tricher. Si vous voulez défier cet homme, rendez-vous au **241**. Si vous préférez ne pas vous en mêler, rendez-vous au **130**.

154

Dans leur poste d'équipage, les hommes du *Sceptre Vert* sont entassés les uns sur les autres ; il règne là une atmosphère étouffante, surchauffée. Mais en dépit du manque d'espace et de la frugalité du repas (une frugalité telle qu'elle vous coûte 2 points d'ENDURANCE) les marins sont contents que vous ayez accepté leur invitation et ils vous traitent comme un hôte d'honneur. Après dîner, ils vous invitent à jouer avec eux aux « Hublots ». Il s'agit d'un jeu de dés où l'on mise un peu d'or. Si vous voulez tenter votre chance, rendez-vous au **308**. Si vous préférez décliner leur offre et leur souhaiter bonne nuit avant de regagner votre cabine, rendez-vous au **197**.

155

Vous avez parcouru un kilomètre et demi sur le chemin de gauche lorsque vous arrivez à un long pont de pierre. Le fleuve qu'il enjambe semble être en crue et menace de déborder de son lit. Vous vous rendez compte alors qu'il s'agit du chenal de Ryner. Le chenal fait trois kilomètres dans sa plus grande largeur et plus de 1 500 mètres de profondeur sur presque toute sa longueur. Il a été formé à la suite d'un glissement de terrain qui a séparé le royaume de Durenor du reste des terres de Magnamund. A l'entrée du pont, un poteau indicateur précise :

Vous poussez un soupir de soulagement en constatant que vous êtes sur le bon chemin :

dans moins d'une heure, vous aurez atteint la ville. Rendez-vous au **265**.

156

Le cocher se met en colère. « C'est une longue marche qui t'attend, étranger », lance-t-il en vous claquant la portière au nez. Vous n'avez pas les moyens de louer une chambre pour la nuit et vous décidez donc d'aller coucher avec les chevaux dans l'écurie. Rendez-vous au **213**.

157

Le GARDE est furieux et il se précipite sur vous en dévalant l'escalier, son épée levée au-dessus de sa tête. Si vous ne possédez pas d'arme, réduisez de 4 points votre total d'HABILETÉ et battez-vous à mains nues.

GARDE HABILETÉ : 15 ENDURANCE : 22

Vous avez le droit de prendre la fuite à tout moment en vous rendant au **65**. Si vous êtes vainqueur, rendez-vous au **331**.

158

Le MOINE ne semble pas surpris par votre attaque et il tire lui même une épée noire de sous sa robe de bure.

MOINE HABILETÉ : 16 ENDURANCE : 23

Si vous êtes vainqueur, rendez-vous au **220**.

159

Vous vous arrêtez enfin au pied d'un immense pin et vous essayez de vous maintenir debout, mais vous avez si mal aux jambes et au côté que vous tombez par terre en perdant connaissance. Ce sommeil vous épargne d'être pourfendu par le Monstre d'Enfer mais il ne vous sauvera pas de la mort, car plus jamais vous ne vous réveillerez. Votre quête s'achève ici en même temps que votre vie.

160

« Pardonnez-moi, my lord, je ne voulais pas vous faire peur. »
L'homme semble inquiet et la main ouverte qu'il tend vers vous ne cesse de trembler. Sans vous départir de votre prudence, vous acceptez son geste amical et quelques instants plus tard vous vous asseyez avec lui à l'une des tables de l'auberge dans laquelle vous êtes entré par une porte latérale. L'endroit est désert, a l'exception d'un couple de souris qui rongent un gros morceau de fromage.

« Le capitaine Kelman m'a chargé de vous amener à bord du *Sceptre Vert* mais je dois tout d'abord m'assurer que vous êtes bien le Seigneur Kaï qu'on appelle le Loup Solitaire, dit l'homme ; pouvez-vous donner la preuve de votre identité ? Le meilleur moyen de prouver que vous êtes bien le Loup Solitaire consiste à faire la démonstration que vous maîtrisez l'une des Disciplines Kaï. Vous avez le choix entre les Disciplines suivantes :

Guérison — Rendez-vous au **16**

Puissance Psychique — Rendez-vous au **133**

Maîtrise des armes — Rendez-vous au **255**

Communication Animale — Rendez-vous au **203**

Maîtrise Psychique de la Matière — Rendez-vous au **48**

Si vous ne maîtrisez aucune des disciplines de cette liste, ou si vous ne souhaitez pas faire de démonstration, rendez-vous au **348**.

161

La boutique est déserte. Vous attendez en examinant pendant cinq minutes les articles exposés, mais personne ne vient. Vous vous apprêtez à repartir lorsque vous remarquez une carte accrochée derrière la porte. C'est un plan du port de Ragadorn. Les écuries et le relais de la diligence sont clairement indiqués à proximité de la Porte Est de la ville. C'est là que vous trouverez un moyen de transport qui vous permettra d'atteindre Port Bax. Vous repérez le trajet qui mène à la Porte Est et vous quittez la boutique. Vous rebroussez chemin au pas de course dans la rue de la Hache puis vous tournez vers l'est, dans la rue du Sage. Le pont de Ragadorn se trouve tout au bout de cette voie sinueuse ; c'est là le seul point de passage qui relie les parties Est et Ouest de la ville. Vous vous frayez un chemin dans la foule qui se presse sur le pont puis, dès que vous êtes arrivé de l'autre côté, vous vous mettez à courir sur les pavés le long du boulevard du Commerce, section Est. Rendez-vous au **186**.

162

Il lance son cri de guerre et se rue sur vous.

CHEVALIER
DE LA
MONTAGNE
BLANCHE HABILETÉ : 20 ENDURANCE : 27

Vous pouvez prendre la fuite à tout moment en vous réfugiant dans les bois ; rendez-vous pour cela au **244**. Si vous sortez vainqueur du combat, rendez-vous au **302**.

163

« Nous avons le vaisseau le plus rapide de toutes les mers du Nord, il n'est pas de navire qui puisse rattraper le *Sceptre Vert* », affirme le capitaine. Il a raison en effet, car bientôt, le bateau pirate disparaît à l'horizon. « Depuis 25 ans que je navigue, je n'ai jamais vu les pirates Lakuri s'aventurer si loin au nord, dit le capitaine en se caressant la barbe d'un air songeur, ils doivent être sur la piste d'un bien riche butin pour s'éloigner ainsi de leurs îles tropicales. » Et tandis que le capitaine descend dans sa cabine, vous pensez avec inquiétude que ce « riche butin » pourrait bien être vous-même. Rendez-vous au **240**.

164

Vous marchez depuis une heure dans ce tunnel désert lorsque vous apercevez à votre gauche plusieurs marches taillées dans la paroi rocheuse. Elles mènent à une plate forme qui permet d'atteindre les torches éclairant le tunnel. Si vous souhaitez monter ces marches pour explorer la plate-forme, rendez-vous au **52**. Si vous préférez continuer votre chemin sans vous occuper des marches, rendez-vous au **256**. Si vous maîtrisez la Discipline Kaï du Sixième Sens, rendez-vous au **172**.

165

Vous rangez l'or dans votre bourse, puis vous ôtez l'Anneau de votre doigt et vous le lui tendez. Elle vous le prend des mains et l'examine attentivement. Vous quittez ensuite la boutique mais au moment où vous franchissez la porte, vous l'entendez ricaner sous cape et vous vous demandez alors si vous avez bien fait d'agir ainsi. Rendez-vous au **186**.

166

Vous montez un escalier et vous vous retrouvez sur le pont du navire ; la bataille fait rage tandis que les vaisseaux fantômes encerclent la flotte de Durenor. Soudain, un éclair de feu jaillit d'une tour dressée à l'arrière du bateau fantôme sur lequel vous vous trouvez, et vient frapper dans une gigantesque explosion le flanc d'un navire de la flotte durnoraise, à moins de 50 mètres de distance. Vous voyez alors avec horreur les soldats alliés sauter du pont, leurs vêtements et leurs cheveux en flammes. Si vous

166 *Vous voyez avec horreur les soldats alliés sauter du pont, leurs cheveux en flammes.*

souhaitez explorer cette tour, rendez-vous au **328**. Si vous préférez vous enfuir en sautant par-dessus bord, rendez-vous au **267**.

167

« Votre stratégie ne manque pas d'audace, Loup Solitaire, mais je crois bien que je vais vous battre, à présent, lance soudain votre adversaire. » Le capitaine Kelman déplace alors une de ses pièces d'ivoire sculpté de votre côté du damier en arborant un sourire triomphant. Mais son sourire s'efface et une expression de contrariété apparaît sur son visage lorsque vous contre-attaquez d'une manière tout à fait inattendue. « Échec et mat », répliquez-vous d'une voix calme. Le capitaine contemple le damier d'un air incrédule. « Décidément, le talent des Seigneurs Kaï ne cessera jamais de m'étonner », dit-il en se grattant la tête. Il a toujours les yeux fixés sur le damier du Samor lorsque vous retournez dans votre cabine après lui avoir souhaité bonne nuit. Rendez-vous au **197**.

168

Un par un, les autres voyageurs s'approchent et contemplent avec horreur le corps du cocher de la diligence. « Il faut l'enterrer », dit le moine. Vous hochez la tête en signe d'approbation et vous creusez une tombe pour y déposer le corps. Lorsque le malheureux est enterré, tous les voyageurs et vous-même revenez près de la diligence pour décider de ce qu'il convient de faire. « Je connais la route de Port Bax, je peux remplacer le cocher », propose Halvorc. « J'espère qu'on ne nous accusera pas de l'avoir tué », dit le moine avec inquiétude. « Ce sont les dieux qui

ont décidé de sa mort », assure Dorier. « J'en porterai témoignage », déclare Ganon, les Chevaliers de la Montagne Blanche ne mentent jamais.
Il est vrai qu'au royaume de Durenor, un authentique chevalier dit toujours la vérité, qu'elle lui soit ou non favorable. Ses paroles semblent avoir rassuré le moine et bientôt, la diligence fait route à nouveau en direction de l'est. L'après-midi touche à sa fin lorsque vous arrivez au relais d'un petit village côtier connu sous le nom de Crique en Gorn et dont la population se compose essentiellement de repris de justice, de voleurs et de Squalls. Les villageois se montrent soupçonneux lorsqu'on leur annonce la mort du cocher mais Dorier parvient à les convaincre qu'il s'agit bel et bien d'un accident. Il n'y a qu'une seule auberge dans tout le village ; c'est une taverne qui porte un nom peu engageant : L'Espoir Déçu. Son état de délabrement est typique de la pauvreté qui règne dans ce village du bord de mer où abondent les masures en ruines. Une chambre pour la nuit coûte une Pièce d'Or. Si vous avez les moyens de vous offrir une chambre, rendez-vous au **314**. Sinon, rendez-vous au **25**.

169

Découragé, vous quittez la maison de jeu et vous retournez au relais de diligence ; au loin, vous apercevez la Porte Est de la ville. La diligence de Durenor attend juste à côté. Or, il vous faut à tout prix gagner Port Bax, l'avenir du Sommerlund en dépend. Vous vous arrangez donc pour passer derrière le garde qui surveille la diligence et vous montez dans le véhicule sans qu'il vous ait vu. A mesure que l'heure du départ approche, cinq autres passagers montent à leur tour et s'assoient autour de vous. Le garde claque alors la portière et le voyage pour Port Bax commence. Utilisez la *Table de Hasard* pour obtenir un chiffre. Si vous tirez un chiffre entre 0 et 3, rendez-vous au **39**. Entre 4 et 6, rendez-vous au **249**. Entre 7 et 9, rendez-vous au **339**.

170

Le garde jette un coup d'œil à votre carte de couleur blanche et renifle avec mépris. « C'est un laissez-passer de marchand, dit-il, il ne vous sera d'aucune utilité ici. Il vous faut un laissez-passer rouge pour avoir accès à la base navale. » Il vous rend votre carte et retourne à son poste de garde. Rendez-vous au **327**.

171

Vous apercevez derrière les arbres une large route qui longe la côte d'est en ouest. Si vous voulez aller vers l'est, rendez-vous au **27**. Si vous préférez vous diriger vers l'ouest, rendez-vous au **114**.

172

Grâce à votre Sixième Sens, vous devinez qu'un péril vous menace dans l'ombre de cette plate-forme. Si vous souhaitez malgré tout monter les marches et affronter ce danger, rendez-vous au **52**. Si vous préférez vous éloigner rapidement de ces marches et de cette plate-forme, rendez-vous au **256**. Enfin, si vous choisissez de revenir en courant jusqu'au croisement pour prendre le tunnel de gauche, rendez-vous au **64**.

173

Vous pénétrez dans un somptueux magasin où sont exposées les marchandises les plus raffinées qu'on puisse trouver au nord de Magnamund. Même à cette heure tardive, l'endroit est animé : des capitaines et de riches commerçants marchandent en effet l'achat ou l'échange de leurs denrées. Le propriétaire du magasin est un jeune guerrier qui préside aux enchères du haut d'un fauteuil de bois sculpté suspendu par quatre chaînes. Ces hommes sont tous vêtus d'armures noires et leurs boucliers portent pour emblême l'image d'un vaisseau noir surmonté d'une crête rouge. Vous surprenez alors un jeune garçon en train de voler la bourse accrochée à la ceinture d'un marchand. Son forfait accompli, le garnement glisse son butin dans sa botte.

Si vous décidez d'attraper le garçon pour lui faire rendre la bourse, rendez-vous au **91** Si vous préférez suivre le jeune homme au-dehors et lui dérober la bourse à votre tour, rendez-vous au **6**. Enfin, si vous choisissez de faire comme si vous n'aviez rien vu pour consacrer plutôt votre attention aux marchandises exposées, rendez-vous au **283**.

174

« Je n'ai encore jamais rencontré un paysan qui ait les moyens de s'acheter un cheval, dit le chevalier en s'avançant vers vous, vous n'êtes d'ailleurs sûrement pas un paysan, j'ai plutôt l'impression que vous êtes un voleur. » Puis, d'un coup de son épée, il vous désarçonne et vous tombez lourdement sur le sol. Instinctivement, vous tirez votre épée dans un geste de défense tandis que le chevalier vous attaque. Rendez-vous au **162**.

175

« Il semble que l'oiseau se soit envolé », dit le capitaine. Il vous montre alors un canot qui file à bonne allure en direction d'un autre navire. « Regardez bien ce vaisseau, il n'a pas de pavillon et sa forme me paraît bien étrange. Je n'en ai encore jamais vu de semblable. » Vous observez le canot qui rejoint en quelques instants le mystérieux navire. Et soudain, comme par magie, un brouillard venu d'on ne sait où se lève sur la mer et enveloppe le vaisseau. Moins d'une minute plus tard, le navire et le brouillard ont tous deux disparu. Utilisez la *Table de Hasard* pour obtenir un chiffre. Si vous tirez un chiffre entre 0 et 4, rendez-vous au **53**. Entre 5 et 9, rendez-vous au **209**.

176

Vous avez chevauché pendant trois jours et trois nuits le long du grand chemin qui remonte la vallée du Durenon. Au loin, vous apercevez le sommet des monts d'Hammardal, l'une des plus hautes chaînes de montagnes de Magnamund. La capitale du royaume de Durenor est nichée au creux de ces montagnes. L'aube vient de se lever sur le quatorzième jour de votre quête. Vous avez établi votre camp près d'une chute d'eau ; à cet endroit, les flots du fleuve Durenon plongent au bas d'un à-pic de 40 mètres de hauteur. Vous vous apprêtez à vous remettre en route lorsque six cavaliers au visage encapuchonné apparaissent sur la route forestière et vous bloquent le passage. Le Lieutenant Général Rhygar leur intime l'ordre de vous laisser passer en leur précisant que vous êtes porteur d'une dépêche royale. Au royaume de Durenor, faire obstacle au passage d'un messager du roi est considéré comme un acte de trahison ; malheureusement, l'avertissement du Lieutenant Général laisse indifférents les six cavaliers qui refusent de bouger d'un pouce. « Si vous ne voulez pas entendre raison, nos épées vous convaincront peut-être », dit alors Rhygar. Il dégaine aussitôt son arme et ordonne à ses hommes de passer à l'attaque. Si vous souhaitez prêter main forte à Rhygar, rendez-vous au **45**. Si vous préférez ne pas attaquer les cavaliers, rendez-vous au **277**. Enfin, si vous maîtriser la Discipline Kaï du Sixième Sens, rendez-vous au **322**.

176 *Le Lieutenant Général Rhygar ordonne à ses hommes de passer à l'attaque.*

177

Lorsque vous entrez à nouveau dans la taverne vous voyez les marins rassemblés autour d'une table où se déroule une partie de bras-de-fer. Si vous souhaitez vous aussi engager une partie de bras-de-fer, rendez-vous au **276**. Si vous préférez parler à l'aubergiste, rendez-vous au **342**.

178

Bien que la délicieuse odeur de cette nourriture vous fasse saliver, vous soupçonnez quelque chose de louche et vous posez le plateau à terre, près de la porte. Vous êtes fatigué à force d'avoir faim et vous décidez de faire un somme avant d'aller rejoindre les autres au bar. Lorsque vous vous réveillez, vous apercevez les cadavres de deux rats étendus près du plateau : ils sont morts empoisonnés. Vous êtes alors saisi de fureur, car c'est à vous que cette nourriture était destinée. Vous vous hâtez de ramasser vos affaires et vous quittez la chambre, bien décidé à retrouver celui ou celle qui a tenté de vous assassiner. Rendez-vous au **200**.

179

Votre maîtrise du Camouflage vous permet de vous dissimuler dans la charrette à foin en étant sûr de n'être pas découvert. Lorsque enfin tout danger est écarté, vous sortez de votre cachette. Si pour plus de sûreté, vous souhaitez rester caché un peu plus longtemps, vous pouvez vous réfugier au sommet d'une autre meule de foin entassée à quelque distance, rendez-vous alors au **82**. Si vous préférez prendre un cheval et quitter le village, rendez-vous au **150**. Si enfin vous choisissez d'entrer dans la boutique du charron, rendez-vous au **71**.

180

Vous arrivez à la conclusion que les marins du bateau sont aveugles ou qu'ils n'ont pas la moindre intention de vous porter secours. En effet, le bateau de pêche poursuit sa course et disparaît bientôt à l'horizon sans s'occuper de vous. En désespoir de cause, vous arrachez une planche du panneau d'écoutille et vous vous en servez comme d'une rame pour pagayer en direction de la côte. Rendez-vous au **337**.

181

Cette rue est encore plus sale et nauséabonde que celle que vous venez de quitter. Bientôt, cependant, la vitrine en désordre d'une boutique attire votre attention ; vous y découvrez en effet plusieurs objets qui pourraient vous être fort utiles ; chacun de ces objets porte une étiquette qui indique son prix.

Épée	4 Couronnes
Poignard	2 Couronnes
Sabre	3 Couronnes
Marteau de guerre	6 Couronnes
Lance	5 Couronnes
Masse d'Arme	4 Couronnes
Couverture de fourrure	3 Couronnes
Sac à Dos	1 Couronne.

Vous pouvez entrer dans cette boutique et acheter ce qui vous plaira. N'oubliez pas d'inscrire vos achats éventuels sur votre *Feuille d'Aventure* et de déduire de votre capital le prix que vous aurez payé. Lorsque vous avez terminé vos emplettes, vous poursuivez votre chemin le long de la rue du Sage en direction du pont de Ragadorn. Ce pont est le seul point de passage entre les parties Est et Ouest de la ville ; il est toujours bondé et il vous faut jouer des coudes pour parvenir à le traverser parmi la foule qui s'y presse. Rendu de l'autre côté, vous vous retrouvez dans une avenue jonchée d'ordures : c'est le boulevard du Commerce, section Est. Rendez-vous au **186**.

182

Il vous faut trouver un refuge pour la nuit, sinon, vous risquez d'être arrêté par les gardes de la ville. Votre Discipline Kaï vous indique clairement qu'il vous faut retourner à la taverne pour y demander une chambre. En y passant une bonne nuit, vous serez d'attaque demain matin pour établir un plan qui vous permettra d'atteindre au plus vite le royaume de Durenor. Rendez-vous au **177**.

183

Au bord du terrain où vous avez établi votre camp, la forêt descend en pente raide ; dans votre hâte, vous trébuchez et vous tombez tête la première parmi les arbres. Utilisez la *Table de Hasard* pour obtenir un chiffre. Si vous tirez un chiffre entre 0 et 8, rendez-vous au **311**. Si le chiffre obtenu est un 9, rendez-vous au **159**.

184

Le Drakkarim rend l'âme à vos pieds et les pirates saisis de panique s'enfuient à bord de leur bateau en train de sombrer ; voir un aussi puissant guerrier ainsi terrassé leur a fait perdre tout courage. Le capitaine Kelman rassemble aussitôt ses hommes et les lance à la poursuite de l'ennemi en déroute. Les pirates sont jetés pardessus bord par les marins déchaînés. Le *Sceptre Vert* s'éloigne ensuite du vaisseau pirate qui donne de la bande sur tribord. « Merci au nom de tout l'équipage, Seigneur Kaï ! s'écrie alors le capitaine en vous serrant la main, nous sommes fiers et reconnaissants de vous avoir parmi nous. » Une longue ovation retentit sur le pont : l'équipage tout entier vous rend hommage en même temps que le capitaine. Vous aidez ensuite à soigner les blessés tandis que l'on répare les dégâts subis à l'avant du navire. Et une heure plus tard, le vent enfle à nouveau les voiles : vous êtes reparti vers le royaume de Durenor. Rendez-vous au **240**.

185

Tandis que vous courez sur le pont jonché de cadavres, deux guerriers DRAKKARIM apparaissent soudain et vous attaquent par surprise. Il vous faut les combattre l'un après l'autre.

1er
DRAKKARIM HABILETÉ : 17 ENDURANCE : 25
2e
DRAKKARIM HABILETÉ : 16 ENDURANCE : 26

Vous pouvez prendre la fuite à tout moment en plongeant par-dessus bord ; rendez-vous pour cela au **286**. Si vous tuez vos deux adversaires au cours du combat, vous pourrez ensuite sauter sur le pont d'un navire de Durenor qui passe à proximité. Rendez-vous alors au **120**.

186

Vous arrivez bientôt devant un grand bâtiment qui porte cette inscription sur sa façade :

ÉCURIES DE RAGADORN
RELAIS DE DILIGENCE

Un cocher vêtu d'un uniforme vert est assis près d'un tableau d'affichage qui indique : Port Bax Durée du voyage : 7 jours. Si vous souhaitez demander au cocher un billet pour Port Bax, rendez-vous au **136**. Si vous n'avez pas d'argent, rendez-vous au **238**.

187

En fouillant rapidement leurs cadavres, vous découvrez les objets suivants : 2 Lances, 2 Epées, 6 Pièces d'Or.
Si vous décidez d'emporter l'un ou l'autre de ces objets, n'oubliez pas de modifier votre *Feuille d'Aventure* en conséquence. Vous precipitez

ensuite les corps des soldats dans les eaux du chenal et vous vous hâtez de franchir le pont, de peur que quelqu'un n'ait été témoin de la scène. Une fois parvenu de l'autre côté, vous marchez pendant une heure sur un chemin forestier et vous arrivez alors à un croisement. Un poteau indicateur signale :

Vous calez confortablement votre Sac à Dos sur vos épaules et vous prenez la direction de l'est. Rendez-vous au **265**.

188

Votre présence d'esprit et votre adresse vous ont épargné une morsure fatale. Et tandis que le serpent disparaît dans les hautes herbes de l'autre côté de la route, vous ramassez vos affaires et vous grimpez à l'arbre dans le feuillage duquel vous passerez la nuit en toute sécurité. Rendez-vous au **312**.

189

« Vous êtes un imposteur ! » s'écrie-t-il en dégainant son arme. Avant que vous n'ayez pu réagir, la lame de son épée vous écorche le bras et vous perdez 2 points d'ENDURANCE. L'homme s'est précipité sur vous ; sous le choc, vous franchissez la porte ouverte à reculons, vous trébuchez et vous tombez tous deux tête la première au bas des escaliers, dans un échange de jurons retentissants. Vous vous relevez ensuite en titubant mais le chevalier, lui, est déjà debout et a ramassé son épée. Si vous souhaitez le combattre, rendez-vous au **162**. Si vous préférez vous enfuir dans la forêt en abandonnant votre cheval, rendez-vous au **244**.

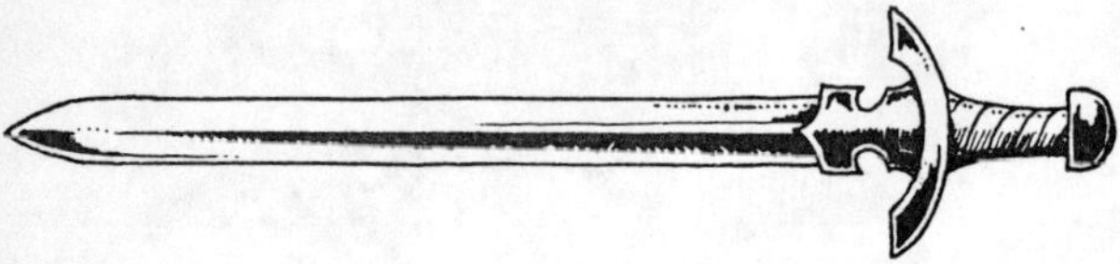

190

Vous vous servez d'une règle de fer comme d'un levier pour forcer la serrure et vous ressentez soudain une douleur cuisante dans votre poitrine. Le coffret comportait un piège : une petite aiguille enduite de poison qui vient de se planter dans votre chair tandis que vous tentiez de faire sauter la serrure. Cette minuscule fléchette vous est fatale et vous mourez sur le coup. Votre mission s'achève ici, en même temps que votre vie.

191

Un peu plus loin, la rue pavée tourne brusquement vers la droite. Vous vous trouvez alors devant un bâtiment de pierre blanche qui porte cette plaque fixée au-dessus de la porte :

La rue pavée aboutit à un haut mur de pierre dans lequel est aménagée une grande porte rouge gardée par deux soldats. Au-delà de cette porte, on distingue les mâts des navires ancrés dans le port. Si vous souhaitez entrer dans la tour de guet, rendez-vous au **318**. Si vous préférez vous approcher de la porte rouge, rendez-vous au **246**.

192

Les marins ivres poussent des grognements satisfaits, et l'argent change de main tandis qu'on prend les paris. Vous remarquez alors que votre adversaire adresse un clin d'œil à deux de ses compagnons qui s'avancent aussitôt vers vous. Sans hésiter une seconde, vous vous levez d'un bond et vous frappez le marin d'un coup de poing au visage. Le choc est si rude qu'il est projeté en arrière et s'écroule dans les bras de ses deux complices, les entraînant dans sa chute. Vous les laissez se débattre et vous vous dirigez vers la sortie. Mais lorsque vous atteignez la porte, un autre marin au visage repoussant tire son épée et vous bloque le passage. Avant que vous n'ayez eu le temps de réagir, cependant vous entendez un bruit sourd et l'homme tombe à genoux. Derrière lui se tient la serveuse, une grosse massue de bois à la main. Elle vous sourit et vous la remerciez en lui adressant un clin d'œil mais ce n'est pas le moment de vous attarder et vous filez par la porte dans la rue obscure recouverte de pavés. Vous courez quelques minutes dans le noir et vous apercevez alors une écurie et un relais de diligence dont les contours se dessinent dans l'ombre. Les hurlements furieux des marins retentissent à vos oreilles tandis que vous courez vers le bâtiment ; par chance une échelle extérieure vous permet de grimper dans un grenier à foin où vous vous réfugiez pour la nuit sans risque d'être découvert. Rendez-vous au **32**.

193

Le voyage de retour au royaume du Sommerlund se déroule sous de mauvais auspices. De gros nuages noirs s'amoncellent à l'horizon et un vent violent agite la mer sans relâche. A la nuit tombée, de grands éclairs aveuglants déchirent l'obscurité, suivis par des roulements de tonnerre si fracassants que le navire amiral en est tout ébranlé depuis l'extrémité de sa quille jusqu'à la pointe de ses mâts. La plupart des soldats qui voyagent à bord de la flotte sont des montagnards qui n'ont aucune expérience de la mer et au bout du troisième jour, une bonne moitié d'entre eux sont cloués au lit, incapables de se lever. Lord Axim semble au bord du désespoir. « Puisse cette tempête se calmer, dit-il, car même si la flotte arrivait intacte au bout du voyage, nos hommes seraient trop faibles pour pouvoir combattre, après avoir subi une telle épreuve. » Et le lendemain, comme si sa prière avait été entendue, l'aube se lève dans un ciel apaisé qui annonce la fin de la tourmente. Mais les eaux calmes à présent où navigue la flotte cachent un péril plus redoutable encore que la tempête des jours passés. Rendez-vous au **100**.

194

Lorsque vous vous réveillez, vous avez la désagréable surprise de vous retrouver étendu sous une jetée en bois, dans une puanteur insupportable qui monte des eaux environnantes. Vous vous relevez avec une douleur lancinante dans la tête, comme si on vous avait assommé. C'est d'ailleurs très exactement ce qui vous est arrivé ; mais, plus grave encore, les pêcheurs vous ont tout volé : Or, Sac à Dos, Armes, ainsi que *tous* vos Objets Spéciaux, y compris, hélas, le Sceau d'Hammardal. Avec un gémissement désespéré, vous vous arrachez à la puanteur des eaux croupies et vous vous hissez sur la jetée. En levant les yeux, vous apercevez alors un écriteau délavé qui porte ces mots :

BIENVENUE À RAGADORN

Pour votre malheur, toutes les rumeurs qui circulent au sujet de cette ville maudite se sont révélées exactes ; il fait presque noir, à présent, et la pluie s'est mise à tomber. Dans l'immédiat, il vous faut à tout prix retrouver le Sceau d'Hammardal si vous voulez convaincre le Roi de Durenor de vous confier le Glaive de Sommer. Vous jetez un coup d'œil autour de vous et vous apercevez une place sur laquelle est installé un marché. Au centre de cette place, un poteau indicateur en pierre signale diverses rues qui mènent dans toutes les directions. Si vous voulez aller vers l'est le long de la rue de la Bernicle, rendez-vous au **215**. Si vous voulez aller au sud, le long du Dock de la rive Ouest, rendez-vous au **303**. Si vous voulez aller au nord, en empruntant la rue du Butin, rendez-vous au **129**. Si enfin vous préférez retourner vers la jetée, en direction de l'ouest, et chercher le bateau de pêche, rendez-vous au **86**.

195

Au bout d'une heure de voyage, le cocher annonce : « Pont à péage, une Couronne par personne. » Vous jetez un coup d'œil par la portière : la pluie tombe à verse mais vous parvenez malgré tout à distinguer au loin un pont de bois et une cabane en rondins. Un peu plus tard, le cocher arrête la diligence devant la cabane et une créature repoussante apparaît à la porte. C'est un Squall à la peau couverte de verrues. Les Squalls appartiennent à la famille des Gloks mais ce sont des êtres peureux et inoffensifs. Ils habitaient le Pays Sauvage au temps de la Lune Noire lorsque des milliers d'entre eux émigrèrent, abandonnant les Montagnes de Durncrag, pour échapper à la tyrannie de Vashna, le plus puissant des Maîtres des Ténèbres. Le Squall demande à chaque passager de la diligence de payer une Couronne le droit de franchir le pont. Vos compagnons de voyage déposent chacun une Couronne sur une petite assiette qu'ils vous tendent ensuite. Si vous avez de quoi payer votre passage, donnez une Couronne à votre tour et poursuivez votre route en vous rendant au **249**. Si vous n'avez pas d'argent, rendez-vous au **50**.

196

Le roi Alin IV est assis, seul, dans sa tour surmontée d'un dôme et contemple les montagnes à travers une haute fenêtre aux vitres de couleur. Un huissier vous annonce, Lord Axim et vous-même, puis vous pénétrez dans la Chambre Royale en vous inclinant respectueusement devant Sa Majesté. Lord Axim retire alors le Sceau d'Hammardal de votre doigt et s'approche du roi. Tous deux s'entretiennent pendant presque une heure, leur visage soucieux exprimant toute la gravité de la situation. Enfin, après un bref silence, le Roi Alin se lève soudain de son trône et, pour la première fois, vous adresse la parole.

« Hélas, dit-il, les Maîtres des Ténèbres se sont levés à nouveau et, à nouveau, le Royaume du Sommerlund vient demander notre aide. J'ai longtemps prié le ciel que mon règne soit placé sous le signe de la paix et de l'harmonie, mais au fond de mon cœur, j'avais malheureusement la certitude qu'il en serait autrement. » Le roi tire alors d'une poche de sa pelisse blanche une clé d'or qu'il introduit dans la serrure d'un coffre de marbre posé sur une estrade au centre de la pièce. Un faible bourdonnement s'élève aussitôt tandis que le couvercle du coffre glisse latéralement, laissant apparaître le pommeau d'une épée en or massif.

« Prend ce glaive, Loup Solitaire, commande le roi, car il est dit que seul un vrai fils du Sommerlund saura révéler la puissance qui se cache dans sa lame. » Lorsque vous empoignez le pommeau étincelant, un frémissement vous parcourt le bras puis se répand dans tout votre corps. Si vous maîtrisez la Discipline Kaï du Sixième Sens, rendez-vous au **79**. Dans le cas contraire, rendez-vous au **123**.

197

Lorsque l'aube paraît, une terrible tempête se lève sur la mer et vous êtes réveillé par le violent roulis du navire. Le plancher de votre cabine est inondé et les hurlements du vent laissent à peine percevoir de temps à autre les cris de l'équipage. Vous vous habillez en hâte, vous rassemblez vos affaires et vous montez sur le pont. Le capitaine vous rejoint bientôt ; il vous prend par le bras et vous donne l'ordre de retourner dans votre cabine. Vous revenez donc sur vos pas, mais soudain un craquement effroyable retentit ; vous levez la tête : la partie supérieure du grand mât vient de se rompre dans la tourmente et tombe droit sur vous. Utilisez la *Table de Hasard* pour obtenir un chiffre. Si vous tirez un chiffre entre 1 et 4, rendez-vous au **78**. Entre 5 et 9, rendez-vous au **141**. Enfin, si vous tirez le 0, rendez-vous au **247**.

198

Vous avez à peine parcouru une vingtaine de mètres lorsque votre cheval se cabre soudain et s'emballe. Vous êtes projeté à terre et vous perdez 1 point d'ENDURANCE. Vous vous relevez en époussetant votre cape et vous lancez un juron à votre monture qui disparaît au loin. Il ne vous reste plus qu'à poursuivre votre chemin à pied. Rendez-vous au **138**.

199

« C'est très simple, dit alors l'aubergiste d'une voix moqueuse en empochant la Pièce d'Or, il vous suffit de mettre un pied devant l'autre. Comme ça ! » ajoute-t-il avec un rire sonore en se dirigeant vers la cuisine dans laquelle il disparaît bientôt. Vous maudissez la canaille et vous quittez aussitôt l'auberge en prenant le temps toutefois de renverser d'un coup de pied le seau d'eau sale. Rendez-vous au **143**.

200

Lorsque vous arrivez au bar, tous les autres sont déjà assis à une grande table et vous attendent. Vous vous approchez d'eux et, soudain, la vérité vous apparaît clairement : vous savez à présent qui a tenté de vous assassiner et vous décidez d'attaquer cet ennemi par surprise, sans le laisser soupçonner que vous avez vu clair dans son jeu. Pendant quelques instants, vous examinez attentivement le visage de vos compagnons de voyage et vous avez alors la certitude d'avoir deviné juste. Il ne vous reste plus qu'à passer à l'attaque. Mais qui est donc, selon vous, cet assassin présumé sur lequel vous allez vous précipiter à la seconde même ?

Le Chevalier de la Montagne Blanche qui répond au nom de Dorier ? Rendez-vous au **7**.

Le marchand nommé
Halvorc ? Rendez-vous au **60**.

Viveka l'aventurière ? Rendez-vous au **85**.

Le moine nommé
Parsion ? Rendez-vous au **158**.

Le Chevalier de la
Montagne Blanche
qui se nomme Ganon ? Rendez-vous au **270**.

201

Lorsque vous bondissez sur vos pieds, le serpent siffle et tente de vous mordre au bras. Vous faites un pas de côté pour l'éviter mais avez-vous été suffisamment rapide pour échapper à ses crochets mortels ? Utilisez la *Table de Hasard* pour obtenir un chiffre. Si vous tirez un chiffre entre 0 et 4, rendez-vous au **285**. Entre 5 et 9, rendez-vous au **70**.

202

Le soldat vous salue et vous laisse franchir la porte rouge. Vous arrivez alors sur une place éclairée par les lumières du port. A votre grand soulagement, vous apercevez un drapeau familier qui flotte au vent frais de la nuit : un soleil surmonté d'une couronne ; c'est l'étendard du Sommerlund, et ces colonnes de marbre qui se dressent devant vous marquent l'entrée du consulat. Lorsque vous montez les marches de pierre qui mènent à la porte du bâtiment, les gardes sommerlundois en faction vous reconnaissent aussitôt. Ils disparaissent à l'intérieur et reviennent peu après en compagnie d'un homme de haute taille, aux cheveux grisonnants : c'est un fonctionnaire du consulat. L'expression inquiète de son visage se métamorphose en un sourire épanoui lorsqu'il aperçoit votre cape et votre tunique de Seigneur Kaï. « Dieu soit loué, vous êtes vivant, Seigneur Kaï. Les rares nouvelles qui sont parvenues jusqu'ici nous ont plongés dans l'angoisse. » Vous êtes immédiatement conduit à l'intérieur du bâtiment et introduit dans le bureau occupé par le représentant du Sommerlund, le Lieutenant Général Rhygar. Rendez-vous au **31**.

203

« Vous avez faim ? Voulez-vous un peu de fromage ? » Vous avez posé cette question au marin après avoir jeté un coup d'œil aux deux souris qui s'affairent à l'autre bout de la salle. Utilisant alors la Discipline Kaï de la Communication animale, vous ordonnez aux deux rongeurs de vous apporter leur fromage et, un instant plus tard, l'homme constate avec stupéfaction que les souris viennent effectivement déposer le fromage à vos pieds avant de disparaître en toute hâte. Rendez-vous au **268**.

204

L'exceptionnelle acuité visuelle que vous avez acquise au cours de votre entraînement à la Discipline de l'Orientation vous permet de distinguer nettement le talisman fixé à l'extrémité du bâton noir. C'est l'emblème de la Guilde des Magiciens de Toran : un croissant et une étoile de cristal. Cet homme est un renégat qui a trahi tout à la fois la Guilde et votre patrie. Si vous souhaitez monter en haut de cette tour pour attaquer le magicien félon, rendez-vous au **73**. Si vous ne voulez pas risquer votre vie en affrontant ce puissant sorcier, sautez par-dessus bord et rendez-vous au **267**.

205

L'aubergiste fronce les sourcils et vous montre du doigt une porte latérale. « Si vous ne pouvez pas vous payer une chambre, dit-il, allez donc dormir dans l'écurie. » En vous dirigeant vers la sortie, vous sentez dans votre dos le regard des autres passagers de la diligence. La porte claque sur vos talons et vous vous retrouvez seul dans la nuit froide, le corps parcouru de frissons. Rendez-vous au **213**.

206

Au cours de la nuit vous êtes réveillé par des loups qui hurlent au loin. Vous préférez ne pas prendre le risque d'être dévoré pendant votre sommeil et vous montez donc dans l'arbre pour passer le reste de la nuit à l'abri de son feuillage, à bonne distance du sol. Rendez-vous au **312**.

207

Moins de cent mètres plus loin, le sentier s'arrête au bord d'un précipice. Les eaux du chenal de Ryner coulent au-dessous et il est impossible d'aller plus loin. Il ne vous reste donc plus qu'à rebrousser chemin et à prendre le pont qui traverse le chenal. Rendez-vous au **47**.

208

Vous passez devant le chariot et vous entendez soudain un bruit, juste derrière vous. Vous faites volte-face en observant attentivement les parois du tunnel mais il fait trop sombre pour distinguer quoi que ce soit. Rendez-vous au **134**.

209

Vous entendez bientôt des murmures parmi les hommes d'équipage. Parfois, quelques mots prononcés distinctement vous parviennent aux oreilles : ils parlent de « vaisseaux fantômes » et de « malédiction » mais les rumeurs s'évanouissent brusquement lorsque la voix tonnante du capitaine appelle tout le monde sur le pont. Et lorsque le capitaine Kelman monte lui-même sur le pont arrière pour venir parler à l'équipage, on n'entend plus alors que le craquement des mâts du navire qui gémissent sous le vent. « Nous sommes à trois jours de Port Bax, dit le capitaine. Le feu a dévoré nos provisions et nous n'avons plus d'eau potable. Il nous faut donc mettre le cap sur Ragadorn où nous pourrons faire réparer le navire et reconstituer nos vivres. C'est tout. » Les hommes d'équipage semblent satisfaits de cette décision et ils se remettent au travail avec une vigueur renouvelée. Le capitaine se tourne alors vers vous.
« Nous aurons rallié le port de Ragadorn dans huit heures environ, dit-il. J'ai reçu pour instructions de vous amener sain et sauf à Port Bax et de vous confier à la garde du Consul du Sommerlund, le Lieutenant Général Rhygar. Mais le temps est contre nous et j'ai bien peur qu'il faille une bonne huitaine de jours pour réparer le navire. Lorsque nous aurons jeté l'ancre, vous devrez alors décider si vous souhaitez poursuivre votre voyage à Durenor par la mer

en restant avec nous ou par la route en allant là-bas par vos propres moyens. » Tandis que vous retournez dans votre cabine, les paroles du roi vous reviennent en mémoire :
« Quarante jours, Loup Solitaire, tu n'as que quarante jours pour rapporter le Glaive. Nous aurons la force de résister à l'ennemi pendant ces quarante jours. Après... Il sera trop tard... »
Non, décidément, il ne vous reste guère de temps pour accomplir votre périlleuse mission. Rendez-vous au **197**.

210

Vous posez vos deux mains sur votre estomac et vous vous concentrez de toute la force que vous donne la Discipline Kaï pour tenter de vaincre la douleur. Votre pouvoir de guérison vous soulage bientôt, mais le poison est puissant et vous n'êtes pas au bout de vos peines. Utilisez la *Table de Hasard* pour obtenir un chiffre. Puisse la clémence des dieux guider votre main, car votre vie dépend désormais du chiffre que vous aurez tiré. Si la table vous donne entre 0 et 4, rendez-vous au **275**. Si elle vous donne entre 5 et 9, rendez-vous au **330**.

211

« Le consulat du Sommerlund ? » demande-t-il d'un air surpris, visiblement déconcerté par votre soudaine apparition. Puis, se reprenant : « Oh mais bien sûr ! s'exclame-t-il, c'est sur la place Alin, près du port. Prenez à droite en sortant et encore à droite au bout de l'avenue. Vous arriverez alors à la Porte Rouge. Il vous faudra un laissez-passer rouge pour entrer, car le consulat se trouve à l'intérieur du quartier maritime et la circulation y est réglementée. » Vous demandez à l'homme ce qu'il convient de faire pour obtenir un laissez-passer rouge. « On voit que vous êtes étranger, répond-il, tout le monde sait à Port Bax qu'il faut demander cela au capitaine de la tour du guet. La tour se trouve au bout de la rue, vous ne pouvez pas la manquer, vous tomberez dessus dès que vous aurez tourné le coin. » Vous remerciez le vieil homme et vous quittez l'hôtel de ville. Rendez-vous au **191**.

212

Le malheur veut que vous n'ayez pas d'armes et qu'il soit lui-même un redoutable bretteur. Le combat est désespéré et fort bref. Il vous transperce d'un coup d'épée et vous jette à bas du chariot d'un simple coup de pied. Mais rassurez-vous, votre chute ne sera pas trop douloureuse car vous êtes déjà mort lorsque vous arrivez en bas. Votre mission s'achève ici en même temps que votre vie.

213

Vous grimpez au sommet d'une meule de foin et vous vous emmitouflez dans votre cape de Seigneur Kaï pour vous protéger du vent frisquet. Vous vous endormez alors sans vous douter le moins du monde que vous ne vous réveillerez plus jamais. En effet, l'un de vos compagnons de voyage est un agent des Maîtres des Ténèbres et dans la fraîcheur de la nuit, il vient silencieusement vous assassiner sans même que vous vous en rendiez compte. Votre quête s'achève donc ici en même temps que votre vie.

214

Dès que vous êtes entré, vous vous apercevez qu'il ne s'agit pas du tout d'une boutique. Vous vous trouvez dans une pièce nue et froide qui ne comporte pour seul ameublement qu'une grande table placée en son centre. Aux quatre coins de l'endroit, pendent des paires de menottes dont l'aspect sinistre vous glace le sang. Vous venez en fait de pénétrer dans le Quartier Général de la Fraternité du Silence, la célèbre police secrète de Lachelan. Avec un sentiment d'horreur, le récit d'un autre Seigneur Kaï vous revient alors en mémoire : il vous avait raconté comment on l'avait arrêté et accusé d'espionnage, puis comment il avait réussi à s'évader après avoir été torturé pendant trois jours et trois nuits. Hélas, vous n'aurez pas, quant à vous, la chance de pouvoir vous échapper, car la porte donnant sur la rue vient de se verrouiller automatiquement et bientôt, les Frères du Silence, qui vous observent pour l'instant derrière des judas aménagés dans les murs, viendront s'occuper de vous. Vous serez peut-être fier d'apprendre qu'après avoir passé une longue semaine dans la prison du chef inquisiteur, vous n'avez pas révélé le moindre secret de la communauté des Seigneurs Kaï. C'est un record qui n'est pas près d'être égalé, mais qui vous a coûté la vie. Une vie qui s'achève donc dans ces geôles sinistres en interrompant brutalement votre mission.

215

Une trentaine de mètres plus loin, du côté gauche de la rue, des cris joyeux et des chants filtrent à travers la façade d'une grande bâtisse délabrée. Une enseigne rouillée grince au-des-

sus de la porte. Si vous voulez entrer dans la taverne, rendez-vous au **4**. Si vous préférez continuer de marcher le long de la rue de la Bernicle, rendez-vous au **83**.

216

Pendant trois jours et trois nuits, la puissante flotte du royaume de Durenor file à bonne allure en direction du golfe de Holm ; un fort vent gonfle les voiles des vaisseaux et il se pourrait bien que le voyage soit plus court que prévu. Pourtant, le moral des soldats n'est pas au plus haut ; il semble que leur confiance en eux-mêmes et leur hâte de combattre se soient peu à peu évanouies, comme si quelque vampire invisible les avait mystérieusement vidés de leur force. Lord Axim en éprouve une grande contrariété. « Cette humeur sombre qui hante nos navires est l'œuvre des Maîtres des Ténèbres, assure-t-il, je connais l'étendue de leur pouvoir lorsqu'il s'agit d'influencer l'esprit des hommes mais la malédiction qu'ils font peser sur nous est bien pire encore, il est impossible de conjurer une telle sorcellerie. Je prie le ciel que cette malédiction soit bientôt levée, car sinon, même si nous arrivons à destination, nous n'aurons plus suffisamment de volonté pour affronter l'ennemi. » Le lendemain à l'aube, la prière de Lord Axim semble avoir été entendue. Le moral des hommes remonte en effet, et la malédiction paraît avoir pris fin. Mais c'est désormais une autre menace qui pèse sur la flotte de Durenor, une menace encore plus mortelle dont vous connaîtrez la nature en vous rendant au **100**.

217

L'homme vous regarde et vous répond d'une voix bourrue : « La diligence... il faut prendre la diligence qui part cet après-midi pour Port Bax. Si vous me donnez une Couronne, je vous dirai comment vous rendre au relais. » Si vous acceptez de le payer, déduisez la Couronne de votre capital et rendez-vous au **199**. Si vous préférez quitter l'auberge sans lui donner la Pièce d'Or qu'il demande, rendez-vous au **143**.

218

Le Capitaine Zombie est mort, mais vous vous trouvez encerclé par les visages macabres des membres de l'équipage ; ils sont au nombre de vingt, armés de coutelas et de haches. Si vous voulez les combattre, rendez-vous au **43**. Si vous préférez vous enfuir en saisissant une corde qui pend à proximité et en l'utilisant pour vous élancer sur le pont d'un navire de Durenor, rendez-vous au **105**.

219

Le venin commence à faire son effet. Votre bras mordu s'engourdit et une sueur froide perle à votre front. Vous ôtez aussitôt de votre cou le pendentif que Banedon vous a donné dans les Ruines de Raumas et à l'aide d'une des pointes de l'étoile de cristal, vous incisez la peau de votre bras à l'endroit de la morsure. Vous posez ensuite vos lèvres sur la plaie et vous aspirez le venin. Le porte-bonheur se révèle efficace et la chance est avec vous, car vous survivez à la morsure, bien que vous perdiez 3 points d'ENDURANCE. Vous décidez ensuite de grimper dans l'arbre et de passer le reste de la nuit à l'abri de son feuillage, à bonne distance du sol. Rendez-vous au **312**.

220

En fouillant son cadavre vous découvrez des preuves accablantes : aucun doute, c'est bien lui qui a tenté de vous tuer. Dans l'une de ses poches, vous trouvez une fiole à moitié vide de sève de gandurn, le poison mortel qu'il avait versé dans vos aliments. Vous tombez ensuite sur un parchemin écrit en langue Glok et dans lequel sont indiqués tous les détails de votre voyage à Port Bax. C'est à Ragadorn qu'il a dû vous repérer et c'est là également qu'il a élaboré ses plans pour vous tuer. Vous remarquez aussi que son arme est une épée de Maître des Ténèbres, à la lame d'acier noir forgée dans le feu d'Helgedad, la cité infernale située au-delà des montagnes de Durncrag. C'est le seul endroit, sur toutes les terres de Magnamund où l'on peut fabriquer de l'acier noir. Mais la preuve irréfutable de son identité, vous la découvrez sur son poignet gauche : c'est un tatouage qui représente un serpent. Les brigands qui avaient essayé de vous tuer avant même que vous quittiez Holmgard portaient exactement la même marque. La bourse du moine contient 23 Pièces d'Or que vous pouvez conserver sans oublier de les inscrire sur votre *Feuille d'Aventure*. Rendez-vous ensuite au **33**.

221

Le sol de la taverne est couvert de sang et jonché des cadavres de vos adversaires. Dehors, de la grande rue, vous parviennent les clameurs d'une foule. Les habitants du lieu sont persuadés que vous êtes un tueur fou et ils ont la très ferme intention de vous écharper. Vous vous enfuyez en toute hâte par la porte de derrière tandis que les hurlements de la populace se rapprochent. Rendez-vous au **88**.

222

Après avoir soigneusement refermé la porte de sa cabine, le capitaine ouvre son mystérieux paquet et en répand le contenu sur une table. Il s'agit d'une cruche de faïence noircie et de lambeaux d'étoffe calcinés qui dégagent une étrange odeur d'huile. « Cet incendie n'est pas un accident, déclare le capitaine Kelman d'une voix solennelle, c'est un acte de sabotage. Cette cruche d'huile et ces chiffons que j'ai trouvés sur le plancher de la cale n'avaient rien à y faire ; quelqu'un à bord de ce navire est prêt à risquer sa vie pour nous empêcher d'atteindre Durenor. » Vous contemplez tous deux les chiffons brûlés, comme s'ils pouvaient répondre aux questions que vous vous posez. Et soudain, un

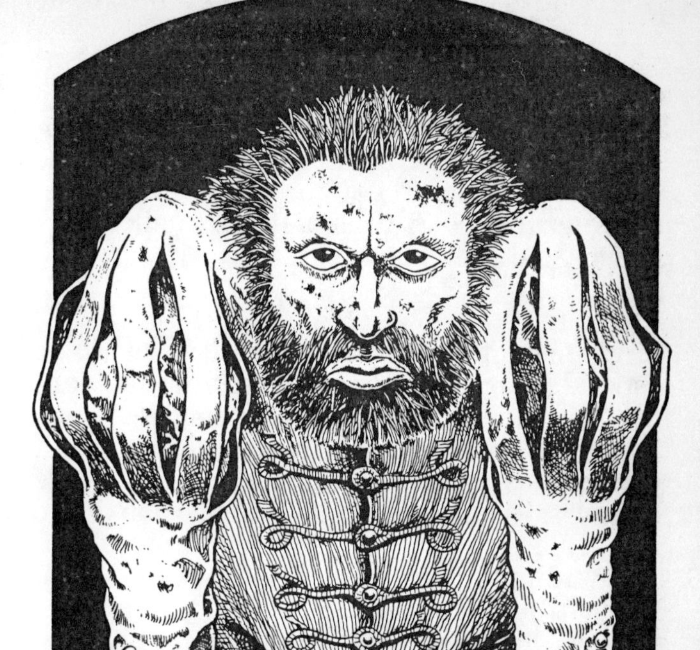

222 *Le capitaine ouvre son mystérieux paquet et en répand le contenu sur une table.*

cri retentit au-dessus de vos têtes brisant le silence qui règne dans la cabine.
« Navire en vue ! Navire en vue sur bâbord avant ! »
Le capitaine saisit aussitôt sa lunette d'approche et se hâte de monter sur le pont par une échelle d'écoutille. Si vous désirez le suivre, rendez-vous au **175**. Si vous préférez fouiller rapidement sa cabine, rendez-vous au **315**.

223

Le garde contemple avec une stupeur mêlée de respect le magnifique anneau que vous lui montrez. Les habitants de Durenor connaissent bien la légende du Sceau d'Hammardal et l'on dit que de tous les trésors perdus du royaume le Sceau est celui dont personne ne souhaite le retour. Le visage inquiet du soldat montre qu'il sait parfaitement ce que signifie le retour du Sceau d'Hammardal : c'est la guerre qu'il annonce. « Je ne peux malheureusement rien faire pour vous aider, dit le garde, si ce n'est vous indiquer la route pour Port Bax. Suivez ce chemin forestier et vous arriverez à une bifurcation, à proximité d'un petit chêne. Prenez alors le sentier de gauche c'est un raccourci. » Vous remerciez ce loyal soldat et vous repartez dans la forêt. Deux kilomètres plus loin environ, vous arrivez à la bifurcation et vous prenez le sentier de gauche. Il vous amène à un pont de pierre qui traverse le chenal de Ryner. Les eaux du chenal font plus d'un kilomètre et demi de profondeur et plus de trois kilomètres dans leur plus grande largeur. Près du pont un poteau indicateur précise : PORT BAX 5 km. Vous poussez un soupir de soulagement car dans moins d'une heure, vous devriez être rendu. Rendez-vous au **265**.

224

Le lendemain matin, vous êtes réveillé par les cris des goélands qui tournoient au-dessus du clipper. Un fort vent enfle les voiles. Quelques instants plus tard, vous prenez votre petit déjeuner en compagnie du capitaine Kelman qui semble plus optimiste que la veille. Il vous annonce que le *Sceptre Vert* vogue à bonne allure et que vous devriez arriver dans une semaine à Port Bax, le port principal du royaume de Durenor. Puis soudain, un cri retentit dans le nid de pie. « Terre par bâbord avant ! hurle la vigie, terre par bâbord ! » Le capitaine et vous-même montez alors sur le pont, affrontant la froideur de la brise. « C'est Mannon, l'île la plus au sud de l'archipel des Kirlundin, dit le capitaine en montrant une côte rocheuse et accidentée qui se dessine au loin, les marchands l'appellent la "Pointe des Naufragés" ; nombreux sont les navires qui ont fini leur carrière sur ces rochers de granit. » Le capitaine vous tend une lunette d'approche pour vous permettre de mieux observer l'île. Les rocs pointus de son rivage sont parsemés d'épaves : ce sont les carcasses fracassées des navires qui s'y sont échoués ou que la tempête y a précipités. Vous êtes fasciné par le spectacle de ces coques déchirées et vous imaginez les scènes terrifiantes qui ont dû se dérouler lors de chacun de ces naufrages. Puis brusquement, vous apercevez une ombre noire suspendue au-dessus des pointes rocheuses de Mannon ; on dirait un petit nuage qui semble se déplacer dans votre direction. Mais un instant plus tard, vous comprenez de quoi est fait ce « nuage ». Il s'agit en fait d'une nuée de Bêtalzans auxquels se sont probablement mêlés des Kraans. Aussitôt, l'alerte est donnée. « Parez au combat ! » Si vous souhaitez rester sur le pont, préparez votre arme et rendez-vous au **146**. Si vous préférez retourner dans votre cabine, rendez-vous au **34**.

225

Soixante-dix navires de guerre de la flotte de Durenor avaient quitté Port Bax mais ils ne sont plus que cinquante à entrer dans le golfe de Holm. La bataille a coûté la vie à nombre de vaillants soldats, parmi lesquels l'Amiral Calfen en personne qui fut tué à bord du *Durenor*, le premier navire à avoir sombré au cours des combats. Mais en dépit des lourdes pertes, une grande victoire a été remportée, une victoire qui a donné aux soldats une vigueur nouvelle. La double épreuve du voyage et de la bataille a été oubliée à présent ; la même détermination, le même optimisme qu'ils avaient manifesté à leur départ de Port Bax les animent à nouveau et tous ont hâte de gagner Holmgard pour défaire l'ennemi. Au 37e jour de votre quête, à la tombée de la nuit, les tours de Holmgard apparaissent enfin à l'horizon. La ville continue de résister à l'armée des Maîtres des Ténèbres bien que le siège ait été constamment maintenu. Les lumières de la capitale luisent dans l'obscurité tandis que, debout à la proue du navire, vous contemplez les rivages du royaume. Un Lord Axim confiant dans l'issue de la bataille vient vous rejoindre. « Cette nuit sans lune va nous avantager, assure-t-il, l'ennemi ne nous verra pas entrer dans le port et, dès l'aube, mes hommes balaieront ces misérables comme des feuilles mortes emportées par le vent. » Et lorsque votre navire entre dans le port de Holmgard, à la tête de la flotte de Durenor, vous tirez de son fourreau le Glaive de Sommer, prêt à accomplir votre destinée. Rendez-vous au **350**.

226

L'aubergiste s'exprime avec l'accent rocailleux des natifs de Ragadorn. Il vous raconte que la ville est gouvernée par Lachelan, le fils de Killean le Suzerain qui a été emporté trois ans plus tôt par la peste rouge. Votre interlocuteur ne semble pas tenir Lachelan en grande estime, il le surnomme en effet le "Prince des Voleurs". « Lui et ses hommes saignent le peuple à blanc en levant de lourds impôts, vous explique-t-il, et si vous avez le malheur de vous en plaindre, vous êtes sûr de finir dans les eaux du port avec un poignard planté entre les deux épaules. » L'homme hoche la tête d'un air sombre et sert une autre tournée de bière aux marins ivres. Si vous souhaitez louer une chambre pour la nuit, donnez 2 Pièces d'Or à l'aubergiste et rendez-vous au **56**. Si vous préférez essayer de gagner un peu d'or en engageant une partie de bras-de-fer, rendez-vous au **276**.

227

Quatre gardes de la ville, armés de pied en cap, marchent au milieu de la rue. Vous ne voulez pas courir le risque d'être interpellé et vous vous réfugiez dans une ruelle à votre gauche. Mais les soldats s'immobilisent juste à l'entrée du passage et il suffirait que l'un d'eux tourne la tête pour que vous soyez immédiatement repéré. Derrière vous, une petite fenêtre ouverte vous permet de distinguer l'intérieur d'une taverne bondée. Sans la moindre hésitation, vous enjambez aussitôt le rebord de la fenêtre et vous entrez à l'intérieur. Rendez-vous au **4**.

228

Ce sont des Larnumiers, des arbres dont les fruits juteux et sucrés sont très nourrissants. Après avoir avalé quelques-uns de ces fruits, vous vous sentez tout revigoré et vous en cueillez l'équivalent de 2 Repas que vous rangez dans votre Sac à Dos pour les manger plus tard. Au-delà des arbres, une large route longe la côte en s'étendant des deux côtés de l'horizon, à droite et à gauche. Il n'y a pas de poteau indicateur et vous devez choisir quelle direction prendre. Si vous souhaitez aller à gauche, rendez-vous au **27**. Si vous préférez aller à droite, rendez-vous au **114**.

229

Votre Sixième Sens vous indique que ce chariot dissimule une créature malfaisante. Si vous souhaitez aller voir de quoi il retourne, montez dans le chariot en vous rendant au **134**. Si vous préférez prendre vos jambes à votre cou pour vous enfuir le plus vite possible, rendez-vous au **208**. Enfin, si vous choisissez de rebrousser chemin jusqu'à la bifurcation pour prendre cette fois le tunnel de droite, vous pouvez le faire en vous rendant au **164**.

230

Vous marchez le long de la voie qui tourne brusquement à l'est pour aboutir à la rue du Mendiant. Cette artère est d'ailleurs bien nommée car des dizaines d'hommes, de femmes et d'enfants, tous vêtus de haillons, s'y rassemblent par groupes, à l'abri des portes cochères, en tendant des sébilles aux passants. Et tandis que vous suivez l'avenue en direction d'un croisement, vous êtes assailli de tous côtés par des miséreux qui vous demandent de l'or. Si vous souhaitez leur faire l'aumône, rendez-vous au **93**. Si vous préférez les repousser et poursuivre votre chemin, rendez-vous au **137**.

231

La porte de derrière ouvre sur une petite place au centre de laquelle se dresse une haute sépulture. Les pêcheurs ont disparu dans les rues sombres, sauf un qui est tombé en glissant sur le pavé mouillé et s'est assommé dans sa chute. Il est étendu dans le caniveau, le visage dans une flaque d'eau. Vous le retournez du bout du pied et vous le fouillez. Dans ses poches, vous trouvez 5 Pièces d'Or et un Poignard, mais mieux que tout, vous découvrez, passé à son doigt, le Sceau d'Hammardal ; vous poussez un long soupir de soulagement et vous inscrivez sur votre *Feuille d'Aventure* toutes ces trouvailles. Si vous souhaitez à présent retourner dans la taverne, rendez-vous au **177**. Si vous préférez examiner la sépulture, rendez-vous au **24**. S'il vous semble plus judicieux de suivre la rue du Tombeau en direction de l'ouest, rendez-vous au **253**. Vous pouvez également aller vers l'Est en empruntant la rue de la Tour de Guet ; rendez-vous pour cela au **319**. Enfin, si vous maîtrisez la Discipline Kaï de l'Orientation, rendez-vous au **182**.

232

Vous êtes parvenu à moins d'une vingtaine de mètres de la tour lorsque le garde fait un pas en avant et vous demande ce que vous venez faire par ici. Vous remarquez que le soldat porte la vareuse rouge de l'uniforme des armées durenoraises ce qui signifie que vous avez atteint la frontière du royaume. Il vous faut à présent trouver le moyen de passer. Si vous souhaitez prétendre que vous êtes un marchand en route pour Port Bax, rendez-vous au **250**. Si vous voulez essayer de le corrompre en lui donnant de l'or, rendez-vous au **68**. Si vous pensez qu'il est préférable de lui montrer le Sceau d'Hammardal (en admettant qu'il soit toujours en votre possession), rendez-vous au **223**. Enfin, si vous maîtrisez la Discipline Kaï du Sixième Sens, rendez-vous au **149**.

233

« Nous allons à Ragadorn, nous devrions arriver là-bas vers midi, dit-il, le visage presque entièrement dissimulé sous son chapeau à larges bords, le billet coûte 3 Couronnes, mais si vous voulez voyager sur le toit, vous n'aurez qu'une seule couronne à payer. » Si vous souhaitez faire le voyage à l'intérieur de la diligence, donnez 3 Couronnes au cocher et rendez-vous au **37**. Si vous préférez faire le trajet sur le toit, donnez-lui une Couronne et rendez-vous au **148**. Si vous n'avez pas les moyens de payer, il ne vous reste plus qu'à repartir à pied en vous rendant au **292**.

234

Avant que vous ayez pu esquisser un geste pour vous défendre, le Monstre d'Enfer s'est jeté sur vous et vous tombez tous deux sur la chaussée en contrebas. Vous éprouverez peut-être quelque consolation en apprenant que votre mort a été soudaine et indolore. Vous vous êtes rompu le cou dans votre chute et vous n'aurez donc pas le désagrément de sentir les doigts décharnés du Monstre d'Enfer s'enfoncer dans votre gorge en vous déchirant la peau de leurs griffes pointues. Le Sceau d'Hammardal retournera désormais à Holmgard et la ville tombera aux mains des Maîtres des Ténèbres. Votre mission s'achève donc ici en même temps que votre vie.

235

Lorsque vous atteignez le palier de l'étage suivant, la porte cède dans un grand fracas et la populace déchaînée entre en force. En haut des marches, un Sabre est accroché à côté d'une cheminée. Vous pouvez vous emparer de cette arme si vous le désirez. En jetant ensuite un coup d'œil autour de vous, vous vous apercevez qu'il n'y a qu'un seul moyen de sortir d'ici : sauter par la fenêtre pour atterrir sur la chaussée en contrebas. Si vous souhaitez sauter par la fenêtre, rendez-vous au **132**. Si vous préférez affronter la populace qui monte l'escalier, rendez-vous au **90**.

236

La panique s'empare du navire. Saisis d'une véritable frénésie, les marins rassemblent tous les seaux et les couvertures qu'ils peuvent trouver pour combattre l'incendie. Les flammes jaillissent de l'écoutille et il faut plus d'une heure pour maîtriser le feu. Les dégâts sont considérables. Les vivres et les provisions d'eau douce ont été anéantis et la structure centrale du navire gravement endommagée. Le capitaine émerge alors de la cale enfumée et s'approche de vous, le visage noir de suie. Il porte un paquet sous son bras. « Je dois vous parler en privé, my Lord », dit-il à voix basse. Sans rien répondre, vous le suivez aussitôt dans sa cabine. Rendez-vous au **222**.

237

Les zombies morts sont étendus à vos pieds. A présent, la peur que les soldats éprouvaient devant les morts vivants a fait place à la haine. Un chœur de cris de guerre retentit sur le pont et vous montez à l'abordage du vaisseau fantôme, suivis par les centaines de soldats ivres de rage. Les zombies sont fauchés sous l'assaut comme des épis de blé par une faux. Puis soudain, une silhouette drapée dans une longue cape vous interdit le passage, brandissant dans sa main squelettique une épée à la lame recourbée. C'est un MONSTRE D'ENFER et il vous faut le combattre jusqu'à la mort de l'un d'entre vous.

MONSTRE
D'ENFER HABILETÉ : 23 ENDURANCE : 30

C'est un mort vivant et vous avez donc le droit, en vertu de la puissance du glaive de Sommer, de multiplier par 2 tous les points d'ENDURANCE qu'il perdra au combat. Mais rappelez-vous qu'il est insensible à la Discipline Kaï de la Puissance Psychique. Si vous êtes vainqueur, rendez-vous au **309**.

238

Face au relais de diligence, une rue étroite mène à une maison de jeu sur la façade de laquelle est placardé cet avis :

LES ARMES SONT INTERDITES
A L'INTÉRIEUR DE CET ÉTABLISSEMENT

La perspective de pouvoir gagner un peu d'or vous décide à y entrer sans attendre. Si vous avez des armes, vous devrez les déposer au vestiaire ; vous aurez le droit de les reprendre en quittant les lieux. En échange d'une Pièce d'Or, on vous donne un jeton d'argent qui vous permet d'entrer dans l'établissement.
Le hall mène à une vaste salle où se pratiquent toutes sortes de jeux de hasard. L'un d'eux vous semble particulièrement intéressant : on l'appelle la "Roue du Carrosse". Au bout d'une

longue table, une jeune femme fort séduisante fait tourner une sorte de disque noir qui a été divisé en dix tranches égales numérotées de 0 à 9. Lorsque le disque tourne, elle y laisse tomber une petite boule d'argent qui finit par s'immobiliser sur l'une des tranches numérotées. Plusieurs marchands sont assis autour de la table où se déroule ce jeu et misent de grosses sommes en essayant de deviner sur quel numéro la boule s'arrêtera.
Pour jouer à la "Roue du Carrosse", il vous faut tout d'abord choisir le numéro sur lequel vous voulez miser ; ensuite, vous devrez décider combien de Couronnes d'Or vous allez mettre en jeu. Notez bien ces deux chiffres, puis utilisez la *Table de Hasard* pour savoir si vous avez gagné. Si la Table vous donne le chiffre sur lequel vous avez parié, vous empocherez 8 Pièces d'Or pour chaque Couronne mise en jeu. Si le chiffre que vous obtiendrez se situe immédiatement avant ou immédiatement après celui choisi par vous, chaque Couronne mise en jeu vous rapportera 5 Pièces d'Or. Vos gains cependant devront se limiter à 40 Pièces d'Or maximum. Vous pouvez jouer aussi longtemps que vous voudrez, jusqu'à ce que vous ayez perdu tout votre or ou que vous décidiez d'emporter vos gains (40 Couronnes maximum). Si vous avez perdu tout votre or, rendez-vous au **169**. Si vous décidez de partir avec vos gains ou l'or qui vous reste, quittez la maison de jeu et rendez-vous au **186**.

239

Vous essayez d'appliquer la paume de vos mains sur la poitrine de l'homme blessé, mais les

238 *Une jeune femme fort séduisante fait tourner une sorte de disque noir...*

Squalls tirent sur les pans de votre cape pour vous éloigner de lui. Si vous maîtrisez la Discipline Kaï du Camouflage, rendez-vous au **77**. Sinon, il vous faudra attaquer les Squalls pour pouvoir ensuite vous occuper du blessé ; rendez-vous alors au **28**.

240

Après trois jours en mer durant lesquels il ne s'est rien passé, vous commencez à trouver le temps long. Si vous maîtrisez la Discipline Kaï de la Guérison, vous pouvez récupérer tous les points d'ENDURANCE que vous avez éventuellement perdus depuis le début de votre aventure. Vous retrouverez dans ce cas le total d'ENDURANCE dont vous disposiez au départ. Si vous ne maîtrisez pas cette Discipline, vous ne récupérerez que la moitié des points d'ENDURANCE perdus (arrondissez au chiffre supérieur si le nombre à diviser par deux est impair). Dans l'après-midi du quatrième jour, vous êtes sur le pont du navire, en train de bavarder avec un homme d'équipage lorsqu'une odeur de brûlé se dégage soudain d'une des cales. Si vous souhaitez

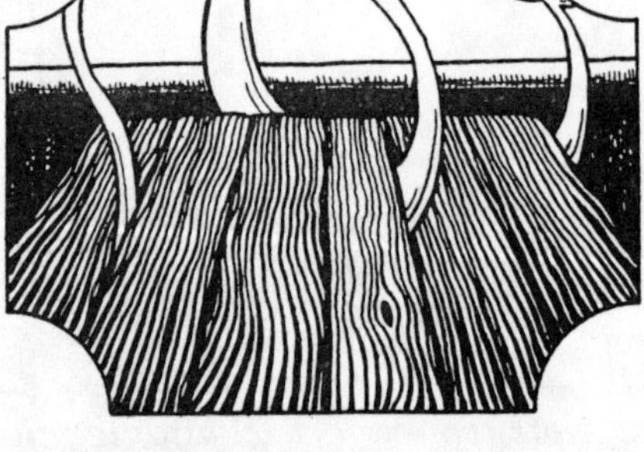

descendre dans cette cale, rendez-vous au **29**. Si vous pensez qu'il est préférable de crier « Au feu », rendez-vous au **236**. Enfin, si vous décidez plutôt d'aller prévenir le capitaine, rendez-vous au **101**.

241

Le silence se fait dans la taverne lorsque l'homme que vous venez d'accuser se tourne vers vous. « Tu as la langue un peu trop prompte, étranger, dit-il d'un air menaçant, il serait temps de la couper avant qu'elle ne t'attire d'autres ennuis. » Il dégaine alors un Poignard à la lame recourbée et se jette sur vous. La foule des clients forme aussitôt un cercle autour de vous et il vous est désormais impossible de prendre la fuite. Il vous faut combattre cet homme jusqu'à la mort de l'un d'entre vous.

TRICHEUR HABILETÉ : 17 ENDURANCE : 25

Si vous êtes vainqueur, rendez-vous au **21**.

242

Pendant la plus grande partie de votre séjour à Hammardal, vous vous entraînez à manier le Glaive de Sommer. Jour après jour, votre habileté s'accroît et, à mesure que vous progressez, vous en apprenez davantage sur les vertus de cette arme fabuleuse. Chaque fois que vous utiliserez le glaive dans un combat, votre total d'HABILETÉ sera augmenté de 8 points (et 10 points, si vous avez choisi la Discipline Kaï de la Maîtrise des armes et que le sort vous a donné cette maîtrise à l'épée). Le glaive a en outre la propriété d'annuler les effets de toute pratique magique exercée contre vous par un adversaire ; il vous permettra aussi de multiplier par 2 tous les points d'ENDURANCE perdus par des morts vivants (les Monstres d'Enfer, par exemple) au cours des combats qu'il vous faudra peut-être livrer contre eux. Enfin, vous avez pleinement conscience que le Glaive de Sommer est la seule et unique arme, sur toutes les terres de Magnamund, qui ait le pouvoir d'ôter la vie à un Maître des Ténèbres ; il n'est donc pas étonnant que ces derniers aient résolu de vous tuer à tout prix. Rendez-vous au **152**.

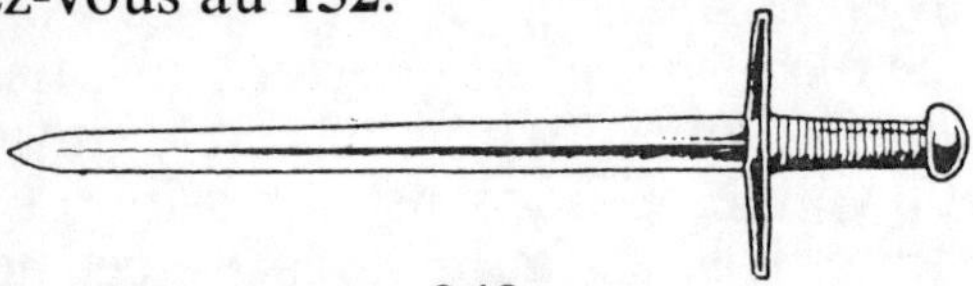

243

Voyant que leur maître est mort, les Gloks désemparés battent en retraite vers la poupe du navire. Le capitaine Kelman rassemble alors ses hommes et se lance à l'attaque, repoussant les immondes créatures qui, dans un concert de grognements rageurs, sont contraintes de sauter par-dessus bord pour éviter d'être taillées en pièces. Constatant qu'il ont perdu la bataille, les Kraans s'envolent des mâts et s'enfuient en direction de la côte qu'on aperçoit à l'horizon. « Merci, seigneur Kaï dit le capitaine en vous serrant la main, nous sommes fiers et reconnaissants de vous avoir avec nous.» Une longue ovation retentit sur le pont du navire : ce sont les marins qui vous rendent hommage en même temps que leur capitaine. Vous aidez ensuite à soigner les blessés tandis qu'on répare la mâture endommagée ; et deux heures plus tard, le navire est prêt à repartir, les voiles gonflées de vent : vous voici à nouveau en route pour Durenor. Rendez-vous au **240**.

244

Vous marchez dans la forêt touffue pendant près de trois heures avant de découvrir un sentier orienté au nord et parallèle au chenal de Ryner dont les flots bouillonnants ont plus d'un kilomètre et demi de profondeur. Au loin, vous apercevez un pont qui enjambe les eaux sombres, là où le chenal se rétrécit. Une petite cabane au toit plat se dresse à l'entrée du pont ; deux soldats se tiennent debout au sommet de l'édifice. Un panneau orienté vers l'autre extrémité du pont indique : PORT BAX. Si vous souhaitez traverser ce pont, rendez-vous au **47**. Si vous préférez l'éviter et poursuivre le long du sentier, rendez-vous au **207**. Enfin, si vous maîtrisez la Discipline Kaï de l'Orientation, rendez-vous au **147**.

245

Vous prenez la direction de l'est en longeant la rue du Col Vert et vous remarquez bientôt, à votre gauche, une enseigne accrochée au-dessus de la porte d'une petite boutique ; elle porte ces mots :

MEKI MAJENOR
MAITRE ARMURIER

Si vous souhaitez entrer dans cette boutique, rendez-vous au **266**. Si vous préférez poursuivre votre chemin vers l'est, rendez-vous au **310**.

246

L'un des gardes s'avance vers vous et demande à voir votre laissez-passer. Si vous avez un laissez-passer blanc, rendez-vous au **170**. Si votre laissez-passer est rouge, rendez-vous au **202**. Si vous n'avez pas de laisser-passer, l'entrée du port vous sera interdite et vous vous rendrez alors au **327**.

247

Vous êtes comme hypnotisé par ce mât qui tombe sur vous et vous n'avez même plus la force de faire un geste. Le capitaine et ses hommes d'équipage, impuissants à vous porter secours, voient avec horreur l'énorme masse de bois s'écraser sur vous. La mort est instantanée. Votre mission s'achève ici en même temps que votre vie.

248

Lorsque vous posez le Glaive d'Or sur le pont, le capitaine zombie se rue sur vous et vous projette à terre. Il est animé d'une force surnaturelle, impossible d'échapper à son étreinte ; il vous plonge alors un poignard dans la gorge en éclatant d'un rire terrifiant. Votre quête s'achève ici en même temps que votre vie.

249

Au cours de l'après-midi, vous bavardez avec vos compagnons de voyage tandis que la diligence file bon train. Au bout de quelques heures, vous avez appris beaucoup de choses à leur sujet. Les deux hommes assis face à vous sont frères. Ils se nomment Ganon et Dorier et

1. Ganon
2. Dorier
3. Halvorc
4. Parsion
5. Viveka

ce sont des Chevaliers de l'Ordre de la Montagne Blanche, des guerriers du Royaume de Durenor, qui ont fait serment de protéger leur patrie contre les brigands du Pays Sauvage. Ils possèdent un château et des terres près de Port Bax. A côté d'eux est assis un certain Halvorc, marchand de son état. Il a le nez enflé et le visage couvert de bleus. Ce sont les gardes de Lachelan, le Suzerain de Ragadorn, qui l'ont mis dans cet état. A la suite d'un léger malentendu avec les autorités de la ville à propos de taxes portuaires, toute sa marchandise et la plus grande partie de son or lui ont été confisqués. Près de la portière opposée est assis un moine du nom de Parsion, un compatriote du Sommerlund qui a traversé le Pays Sauvage en diligence pour se rendre à Port Bax. La jeune femme assise à côté de vous a pour nom Viveka. C'est une aventurière mercenaire qui gagne son or les armes à la main en vendant ses services au plus offrant. Elle retourne à Port Bax avec en poche le prix de ses derniers exploits, accomplis victorieusement dans la ville de Ragadorn. Quant à vous, vous n'avez nullement l'intention de révéler votre véritable identité et vous vous êtes fait passer pour un simple paysan. Les passagers de la diligence semblent tout ignorer de la guerre qui ravage le Royaume du Sommerlund. Rendez-vous au **39**.

250

Le soldat vous regarde d'un air incrédule. « Où sont vos marchandises ? s'étonne-t-il, où est votre cheval ? Et votre chariot ? Les marchands ne s'en viennent jamais à Port Bax à pied. Vous, un marchand ? Laissez-moi rire ! J'ai plutôt l'impression que vous êtes un brigand qui essaye de fuir les lieux de quelque inavouable forfait. Retournez donc d'où vous venez, misérable canaille, nous n'avons pas besoin ici du genre de commerce que vous pratiquez. » Si vous voulez passer vivant cette frontière, il vous faudra trouver autre chose. Qu'allez-vous faire ? Repartir, faire un grand détour et pénétrer dans la forêt plus au sud ? Rendez-vous au **244**. Essayer de corrompre le garde ? Il faudra vous rendre au **68**. Montrer le Sceau d'Hammardal (en admettant qu'il soit toujours en votre possession) ? Rendez-vous dans ce cas au **223**.

251

Il fait presque nuit lorsque le petit bateau de pêche entre dans le port de Ragadorn. Vous n'avez toujours pas rencontré le moindre survivant au naufrage et le pire est à craindre. Vous remarquez bientôt que trois des pêcheurs ont un comportement suspect. Ils se parlent à l'oreille et jettent de fréquents regards à votre bourse. Et tandis que le bateau vogue dans l'estuaire du fleuve Dorn, ils vous encerclent soudain et vous ordonnent de leur donner votre or. Vous vous apprêtez à passer à l'attaque lorsque quelqu'un vous pousse par-derrière en vous projetant à plat ventre sur le pont. L'un des marins lève alors le pied et un instant plus tard, tout devient noir dans votre tête. Rendez-vous au **194**.

252

Vous essayez de vous rappeler certains récits que vous a faits il y a quelque temps un Maître

Kaï surnommé “Faucon Raisonnable”. Pendant des années, il avait occupé un poste de diplomate à Port Bax et il en était arrivé à connaître et à aimer la ville tout autant qu’un natif de l’endroit. Vous vous souvenez de ce qu’il vous avait dit : le consulat du Sommerlund se trouve sur la place Alin, à l’intérieur du quartier maritime. Or, un panneau indicateur, à votre gauche, signale : QUARTIER MARITIME 800 mètres. Certain d’être dans la bonne direction, vous marchez d’un pas confiant le long de l’avenue bordée d’arbres. Rendez-vous au **191**.

253

La rue longe le mur du port en direction du fleuve Dorn ; au bord du fleuve, elle tourne brusquement vers le sud et aboutit à la rue du Butin. Vous passez devant les entrepôts alignés le long du quai et vous reconnaissez un peu plus loin le poteau de pierre planté au milieu de la place. Si vous souhaitez poursuivre en direction du sud, rendez-vous au **303**. Si vous préférez prendre la rue de la Bernicle et retourner à la taverne, rendez-vous au **177**.

254

Pendant trois jours et trois nuits, vous avez suivi la route parallèle au fleuve Durenon, en direction de la capitale. La vallée où coule la rivière est une vaste région de riches terres cultivées adossées au flanc des Monts d’Hammardal, l’une des chaînes de montagnes les plus hautes de tout Magnamund. L’aube s’est levée sur le quatorzième jour de votre quête lorsque six hommes vêtus de capes apparaissent en bordure de votre camp. Le Lieutenant Général Rhygar est le premier à tirer son épée. D'une voix forte, il demande à ces hommes ce qu'ils viennent faire ici. Pour toute réponse, les six inconnus dégainent chacun une épée noire. Rhygar alors appelle ses hommes au combat tandis que les six étrangers vêtus de capes s'avancent vers nous. Si vous souhaitez à votre tour dégainer votre arme et vous préparer à combattre, rendez-vous au **69**. Si vous ne voulez pas vous battre, vous pouvez prendre la fuite en courant vers la forêt ; rendez-vous pour cela au **183**. Enfin, si vous maîtrisez la discipline Kaï du Sixième Sens, rendez-vous au **344**.

255

Vous empoignez votre arme et vous faites une brillante démonstration de vos talents. Vos maîtres Kaï vous ont enseigné la vitesse et le sens de l'équilibre, les deux éléments essentiels de la technique du combat. Et lorsque vous faites tournoyer et virevolter votre arme autour de votre tête et de votre corps, vos mains bougent avec une telle rapidité qu'on ne parvient plus à distinguer leurs mouvements : elles se déplacent dans une sorte de tourbillon indistinct qui semble presque surnaturel. Pour achever de donner la preuve de votre maîtrise, vous frappez soudain le bord d'une assiette d'étain que vous envoyez tourbillonner à travers la salle avec une telle force qu'elle vient se ficher profondément dans la porte de la cave. L'homme a assisté à tout ce spectacle avec des yeux ronds de stupeur. Rendez-vous au **268**.

256

Vous passez devant les marches de pierre et vous poursuivez votre chemin. Vous venez de dépasser la plate-forme lorsque vous entendez un bruit au-dessus de votre tête. Vous vous immobilisez et vous levez les yeux, mais vous ne pouvez rien voir dans l'obscurité du tunnel. Rendez-vous au **134**.

257

Cette rue aux pavés jonchés d'ordures est bordée de taudis, de masures aux façades moisies et de boutiques délabrées. Les quelques passants que vous croisez ont la mine sombre, les traits tirés et les yeux hagards. Ils avancent dans le noir en traînant les pieds, le dos voûté sous la

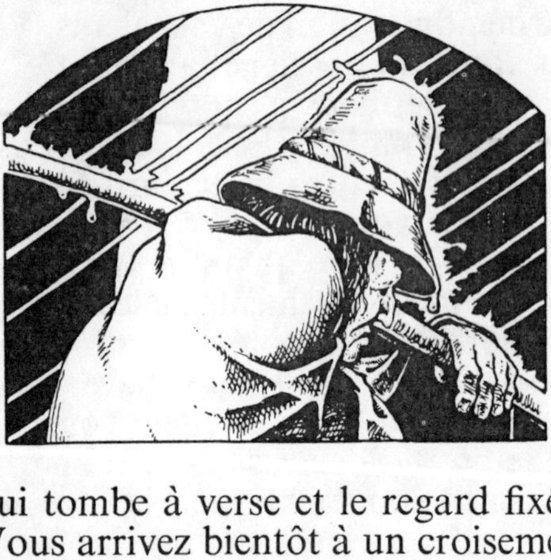

pluie qui tombe à verse et le regard fixé sur le pavé. Vous arrivez bientôt à un croisement ; là, la rue de la Hache s'oriente vers le nord et une autre rue part vers l'est. Si vous souhaitez aller vers le nord et prendre la rue du Chevalier Noir, rendez-vous au **335**. Si vous préférez prendre la direction de l'est en empruntant la rue du Sage, rendez-vous au **181**.

258

La puanteur que dégage le navire vous étouffe à demi. Vous perdez 1 point d'ENDURANCE et il vous faut à tout prix vous échapper de cette cale répugnante ou vous finirez par succomber à la pestilence. Si vous voulez essayer de vous hisser sur le pont, rendez-vous au **17**. Si vous préférez quitter la cale par la porte aménagée dans la cloison opposée, rendez-vous au **5**. Enfin, si vous maîtrisez la Discipline Kaï du Sixième Sens rendez-vous au **272**.

259

A travers la pluie qui tombe à verse, vous parvenez à distinguer la silhouette d'un groupe de soldats qui s'avancent dans votre direction. Vous ne voulez pas prendre le risque d'être interpellé et peut-être arrêté et vous décidez donc de vous réfugier dans une boutique proche. Rendez-vous au **161**.

260

Le capitaine ordonne qu'on mette le cap sur les trois hommes et qu'on les hisse à bord. Ce sont des pêcheurs de Tyso, un port du Sommerlund. Leur bateau a été attaqué par des pirates la nuit précédente et ils sont les seuls survivants. Vous leur donnez à manger et des vêtements chauds ; les trois hommes alors retiennent leurs larmes à grand peine et l'un d'eux vous fait présent d'une magnifique Epée en témoignage de sa reconnaissance. Si vous souhaitez accepter ce cadeau, n'oubliez pas de l'inscrire sur votre *Feuille d'Aventure*. Rendez-vous ensuite au **240**.

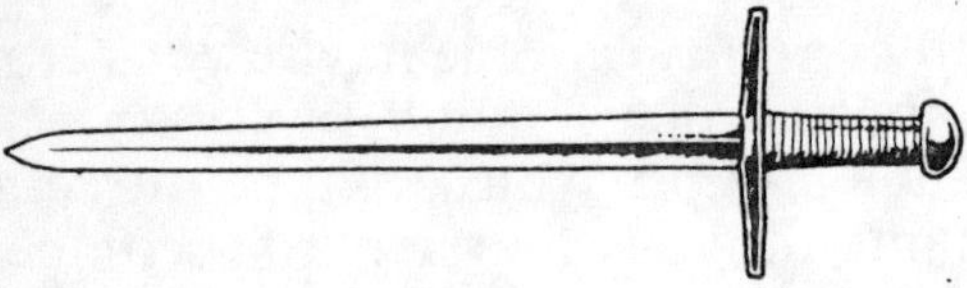

261

Sur un bon nombre de kilomètres, la route longe une hauteur verdoyante, où abonde l'herbe grasse, avant de tourner enfin vers le nord, en direction de la côte. Vous arrivez dans un village dont les maisons sont bâties en cercle autour d'un étang et lorsque vous le traversez, un groupe d'enfants Squalls se précipite vers vous en hurlant et en vous lançant des pierres. Vous descendez ensuite dans la profonde vallée qui s'étend au-delà, et, peu à peu, la lande laisse place à des terres plus riches qui ont été défrichées et cultivées. La colline qui se dresse de l'autre côté est couverte de forêts ; vous n'êtes plus loin de la côte à présent, et vous apercevez déjà ses hautes falaises et la couleur des rocs qui surplombent la mer. Un peu plus tard, vous êtes en train de franchir un taillis lorsque des appels à l'aide retentissent à votre droite. Si vous souhaitez vous porter au secours de la personne qui crie ainsi, rendez-vous au **95**. Si vous préférez ne pas prêter attention à ces hurlements désespérés, continuez de chevaucher le long de la route en vous rendant au **198**.

262

Le garde vous écarte d'une bourrade et se met à courir en direction de la rue du Tombeau. En haut de l'escalier se trouve une petite pièce que vous décidez de fouiller avant le retour du soldat. Vous y découvrez les objets suivants : Épée, Masse d'Arme, Bâton, 1 Repas complet, 6 Pièces d'Or, une fiole d'un liquide orange.
Si l'un ou l'autre de ces objets vous intéresse, il vous suffit de les inscrire sur votre *Feuille d'Aventure* pour qu'ils vous appartiennent désormais. Lorsque vous quittez la pièce, vous vous heurtez à un autre garde ; le choc est plutôt rude et vous tombez tous deux au bas de l'escalier ; mais avant qu'il ait pu retrouver ses esprits, vous avez déjà pris la fuite en courant dans la nuit. Rendez-vous au **65**.

263

L'homme contemple le Sceau avec une stupeur mêlée de crainte. Sans dire un mot, il se lève alors de son fauteuil et vous fait signe de le suivre en haut d'un escalier qui mène à une pièce en forme de dôme. Vous y rencontrez le capitaine de la Tour de Guet qui vous écoute attentivement tandis que vous lui faites le récit des événements qui sont survenus au royaume du Sommerlund. Vous lui révélez également le but de votre mission. « Donnez immédiatement à cet homme un laissez-passer rouge ! Priorité absolue ! », ordonne-t-il aussitôt. Vous prenez votre laissez-passer, vous quittez la tour et vous vous hâtez en direction du poste de garde. Rendez-vous au **246**.

264

Vous concentrez toute l'énergie de votre pouvoir sur le reptile et vous lui ordonnez de partir à l'instant en quête d'une proie. Lentement, votre puissance de suggestion fait son effet et le serpent s'éloigne enfin puis disparaît dans les hautes herbes. Vous poussez un soupir de soulagement et, pour plus de sûreté, vous grimpez à l'arbre où vous passerez le reste de la nuit à l'abri de son feuillage et à bonne distance du sol. Rendez-vous au **312**.

265

Le soleil se couche sur le dixième jour de votre quête lorsque vous apercevez pour la première fois la magnifique cité de Port Bax. Les tours de la ville luisent dans la pâle clarté d'un croissant de lune comme autant de diamants nichés au creux du rivage. Au nord se trouve le port lui-même où sont rassemblés les vaisseaux de la puissante flotte de guerre du royaume de Durenor. A l'est, au-delà des murs de la cité couverts de mousse, s'étend la forêt. Enfin, au sommet d'une colline se dresse un château de fière apparence, une haute citadelle qui donne à la ville le plus glorieux fleuron de sa couronne. Vous pénétrez dans Port Bax en franchissant l'une des portes aménagées dans les murs de la cité. Il n'y a aucun garde en faction et vous passez sans difficulté. Dans la nuit tombante les rues qui mènent au port s'obscurcissent peu à peu. Vous empruntez une avenue bordée d'arbres et vous remarquez bientôt un bâtiment au toit en forme de dôme. Un large escalier de pierre donne accès à la porte de l'édifice. Vous vous approchez et vous lisez cette inscription gravée sur une plaque de cuivre :

HÔTEL DE VILLE

En dépit de l'heure tardive, la porte principale est toujours ouverte. Si vous souhaitez entrer dans l'hôtel de ville, rendez-vous au **84**. Si vous préférez poursuivre votre chemin en direction du port, rendez-vous au **191**. Enfin, si vous maîtrisez la Discipline de l'Orientation, rendez-vous au **252**.

266

A votre entrée, une cloche retentit et un petit homme vêtu d'une veste de cuir matelassée vous souhaite la bienvenue. Il est occupé à frotter une armure rouillée à l'aide d'un tampon de paille de fer. Un petit tableau de bois posé sur le comptoir indique le prix de chacune des armes expo sées :

ÉPÉES	4 Couronnes pièce
POIGNARDS	2 Couronnes pièce
GLAIVES	7 Couronnes pièce

SABRES	3 Couronnes pièce
MARTEAUX DE GUERRE	6 Couronnes pièce
LANCES	5 Couronnes pièce
MASSES D'ARMES	4 Couronnes pièce
HACHES	3 Couronnes pièce
BÂTONS	3 Couronnes pièce

Si vous possédez l'argent nécessaire, vous pouvez acheter l'une ou l'autre de ces armes ; et si vous souhaitez vendre une arme dont vous voulez vous séparer, l'armurier vous l'achètera au prix indiqué sur son tableau, moins une Couronne. Si vous désirez lui vendre une Masse d'Arme par exemple, il vous en donnera 4 – 1 = 3 Couronnes. Apportez à votre *Feuille d'Aventure* toutes les modifications nécessaires en fonction de vos transactions, puis quittez la boutique après avoir souhaité une bonne nuit au petit homme. Au bout de la rue du Col Vert, se trouvent à votre droite une grande écurie et un relais de diligence. Il fait noir à présent et il vous faut un abri pour la nuit. Vous apercevez alors une échelle, à l'extérieur du bâtiment ; vous y grimpez et vous arrivez dans un grenier à foin où vous pourrez vous installer confortablement et dormir jusqu'au lendemain. Rendez-vous au **32**.

267

Lorsque vous refaites surface, vous constatez que la bataille fait rage tout autour de vous. Nombre de cadavres de soldats tués au combat ou jetés par-dessus bord et noyés flottent sur la mer. Vous parcourez à la nage une trentaine de mètres environ puis vous vous hissez sur le pont d'un navire de la flotte de Durenor. Une rude bataille s'y livre car un vaisseau fantôme vient de l'aborder et d'y déverser une armée de zombies qui massacrent à tour de bras les soldats durenorais frappés de terreur. Si vous estimez opportun de dégainer le Glaive de Sommer et de vous lancer à l'attaque, rendez-vous au **128**. Si vous préférez sauter sur le pont du vaisseau fantôme, rendez-vous au **309**.

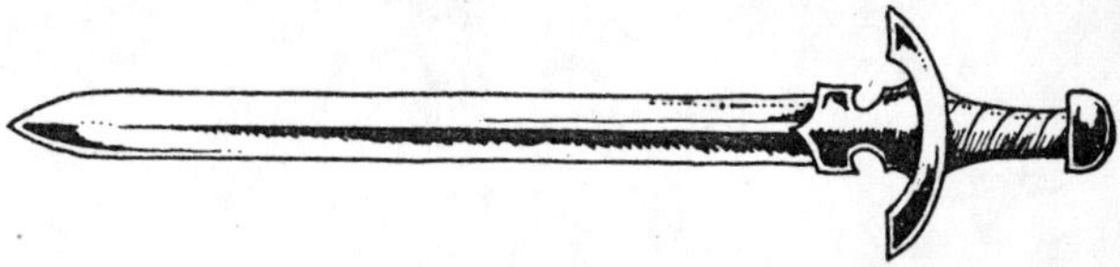

268

« Vous êtes sans nul doute un Seigneur Kaï », dit l'homme, mais l'expression stupéfaite de son visage se transforme bientôt en un ricanement méprisant. « Ou plutôt, reprend-il d'une voix ironique, vous *étiez* un Seigneur Kaï ! » A peine a-t-il prononcé ces mots qu'une porte s'ouvre à la volée juste derrière vous. Vous faites volte-face et vous vous retrouvez face à trois BRIGANDS qui s'avancent dans votre direction. Chacun d'eux est armé d'un cimeterre et vous devez les combattre en les considérant comme un seul et même ennemi.

BRIGANDS HABILETÉ : 16 ENDURANCE : 25

Vous aurez le droit de prendre la fuite après avoir mené deux assauts ; vous sortirez alors par

268 *Vous vous retrouvez face à trois Brigands qui s'avancent dans votre direction.*

la porte latérale en vous rendant au **125**. Si vous êtes vainqueur, rendez-vous au **333**.

269

La vision répugnante de la créature qui se tortille sur le sol vous remplit de dégoût pour les Maîtres des Ténèbres et leurs immondes séides. Lorsque enfin le Monstre d'Enfer s'est entièrement décomposé et que vous êtes sûr de l'avoir anéanti à tout jamais, vous arrachez de ses restes la Lance Magique dont vous essuyez le fer sur l'étoffe fumante de ses vêtements. Vous avez hâte de quitter cet endroit et vous courez le long du tunnel aussi vite que possible. Rendez-vous au **349**.

270

GANON bondit de sa chaise et tire son épée. Un instant plus tard, son frère DORIER est à son côté. Il vous faut les combattre tous deux en les considérant comme un seul et même ennemi.

GANON
DORIER HABILETÉ : 28 ENDURANCE : 30

La soudaineté de votre attaque vous permet d'ajouter 2 points à votre total d'HABILETÉ, mais lors du premier assaut seulement. Sachez également qu'en raison de la force exceptionnelle de leur volonté, ils sont insensibles à la Discipline Kaï de la Puissance Psychique. Si vous sortez vainqueur de ce combat, rendez-vous au **33**.

271

Vous entrez dans la tour et vous montez un escalier de pierre ; soudain, un garde vêtu d'une armure surgit devant vous. Il est coiffé d'un heaume et il porte un écusson gravé d'un vaisseau noir et d'une crête rouge. Il s'avance vers vous et tire son épée. « Halte-là ! lance-t-il, donnez le mot de passe ! » Si vous maîtrisez la Discipline Kaï du Camouflage, rendez-vous au **151**. Si vous souhaitez l'attaquer, rendez-vous au **157**. Si vous préférez prendre la fuite en vous précipitant hors de la tour, rendez-vous au **65**.

272

Quelqu'un ou quelque chose s'approche de la porte de la cale, de l'autre côté du panneau. Si vous essayez de vous hisser sur le pont délabré, vos jambes seront exposées et vous serez vulnérable à toute attaque venant du fond de la cale. Il n'y a cependant pas d'autre issue. Compte tenu de la situation, la meilleure chose à faire est de dégainer le Glaive de Sommer et de vous préparer à combattre la créature malfaisante et redoutable dont vous percevez la présence. Rendez-vous au **5**.

273

Vous vous apprêtez à frapper, mais votre adversaire s'écrie : « Je suis Ronan, my lord, et je ne vous veux aucun mal ! » Vous détournez votre coup de justesse et votre arme s'abat dans le vide. La sueur qui perle sur le visage du marin semble confirmer qu'il dit bien la vérité. Rengainez votre arme et rendez-vous au **160**.

274

En fouillant rapidement les corps, vous trouvez une Épée, 6 Pièces d'Or et une Masse d'Arme.

Emportez ce que vous voulez le cas échéant sans oublier de modifier en conséquence votre *Feuille d'Aventure*. Avant que vous ayez eu le temps de sortir par la porte de devant, d'autres villageois furieux ont réussi à pénétrer dans la boutique et vous devez à présent vous enfuir par la fenêtre du premier étage. Rendez-vous au **132**.

275

Vous vous sentez de plus en plus faible et la mort bientôt vous est un soulagement. Votre assassin a parfaitement rempli sa mission. Quant à la vôtre, elle s'achève ici.

276

Un MARIN à la mine patibulaire défie quiconque veut l'entendre d'engager avec lui une partie de bras-de-fer. Il a une telle confiance dans sa force qu'il se déclare prêt à payer 5 Pièces d'Or à celui qui réussira à le vaincre.

Lorsque vous vous approchez de sa table, une servante vous glisse quelques mots à l'oreille.

« Méfiez-vous, étranger, dit-elle, cet homme est dangereux, il casse le bras de tous ceux qui perdent contre lui et il tue ceux qui parviennent à le battre. » Et tandis que vous vous asseyez à la table, face au marin, les autres clients de la taverne prennent les paris sur l'issue de la partie. Si vous maîtrisez la Discipline Kaï de la Puissance Psychique, rendez-vous au **14**. Dans le cas contraire, menez cette partie de bras-de-fer comme s'il s'agissait d'un combat. Le premier dont le total d'ENDURANCE sera descendu à 0 aura perdu.

	HABILETÉ	ENDURANCE
MARIN PATIBULAIRE	18	25

Si vous perdez, vous récupérerez bien entendu tous les points d'ENDURANCE que vous aviez au début de la partie ; rendez-vous alors au **192**. Si vous remportez la victoire, rendez-vous au **305**.

277

Tandis que Rhygar et ses hommes se rapprochent des cavaliers, l'un d'eux tire de sous sa cape un bâton noir. Une flamme bleue étincelante jaillit alors de son extrémité et vient frapper le cheval du Lieutenant Général qui est aussitôt projeté à bas de sa monture et tombe cul par-dessus tête dans l'épaisseur des broussailles. Les hommes de Rhygar se lancent à l'attaque, leurs épées brandies, et pourfendent les cavaliers aux longues capes. Mais les lames d'acier n'ont aucun effet sur l'ennemi, car ce ne sont pas des hommes que vous avez devant vous, ce sont des Monstres d'Enfer, les féroces serviteurs des

Maîtres des Ténèbres. Ces créatures redoutables ont la faculté d'adopter l'apparence des hommes, mais restent invulnérables aux armes ordinaires. L'être au bâton noir éclate alors d'un rire terrifiant et une douleur fulgurante vous déchire la tête. Il vient d'utiliser contre vous sa formidable Puissance Psychique ; la situation est inquiétante : vous êtes en effet dominé par un ennemi supérieur en nombre et il va falloir agir vite si vous voulez survivre à cette attaque. Souhaitez-vous abandonner votre cheval et plonger dans les broussailles pour vous y cacher ? Rendez-vous au **311**. Si vous préférez prêter main forte aux hommes de Rhygar, rendez-vous au **59**.

278

Vous agitez désespérément votre cape au-dessus de vous jusqu'à ce que vous soyez au bord de l'épuisement. Utilisez la *Table de Hasard* pour obtenir un chiffre qui vous indiquera si vos efforts ont été couronnés de succès. Si vous tirez un chiffre entre 0 et 6, rendez-vous au **41**. Si vous obtenez 7, 8 ou 9, rendez-vous au **180**.

279

Cette créature est un Noudic. Les Noudics sont des êtres doués d'intelligence qui vivent dans un dédale de puits et de couloirs creusés au sein des Monts d'Hammardal. De tempérament malicieux, ils subsistent en volant de la nourriture dans les chariots des marchands qui empruntent le tunnel de Tarnalin. Les Noudics pourraient peut-être vous renseigner sur la présence éventuelle de Monstres d'Enfer cachés dans le tunnel. Si vous souhaitez suivre cet animal, rendez-vous au **23**. Si vous préférez le laisser filer et poursuivre votre chemin, rendez-vous au **340**.

280

Vous dormez profondément jusqu'à l'aube sans être dérangé. A votre réveil, vous ramassez vos affaires et vous allez rejoindre les autres à bord de la diligence. Pendant deux jours, la diligence file sur la route qui traverse les étendues plates et désolées du Pays Sauvage, en ne faisant halte, de temps à autre, que pour permettre au cocher de prendre quelque repos. Vous êtes arrivé au matin du 9e jour de votre quête lorsqu'un malheureux accident se produit. Utilisez la *Table de Hasard* pour obtenir un chiffre. Si vous tirez un chiffre entre 0 et 4, rendez-vous au **2**. Entre 5 et 9, rendez-vous au **108**.

281

Vous demandez avec insistance au capitaine de recueillir les malheureux naufragés, mais il reste indifférent à vos prières et ordonne aux hommes d'équipage de poursuivre leurs tâches comme si de rien n'était. Vous voyez le canot disparaître à l'horizon et vous avez alors la prémonition qu'un sort semblable vous attend. Troublé par cette pensée, vous descendez au pont inférieur pour vous retirer dans votre cabine. Rendez-vous au **240**.

282

De la pointe de leurs lances, les SOLDATS essayent de vous repousser. Et tandis que vous levez votre arme sur l'un d'eux, l'autre vous contourne pour vous attaquer par-derrière. Il vous est impossible de prendre la fuite et vous allez devoir les combattre à tour de rôle jusqu'à la mort.

1er SOLDAT DU PONT	HABILETÉ : 16	ENDURANCE : 24
2e SOLDAT DU PONT	HABILETÉ : 16	ENDURANCE : 22

Si vous êtes vainqueur, rendez-vous au **187**.

283

Vous êtes impressionné par l'abondance et la diversité des marchandises exposées : il y a là des soies et des épices en provenance des bazars de Vassagonia, des pierres précieuses des mines de Bor, les plus belles armes et cuirasses forgées par les armuriers de Durenor, des fourrures de Kalte, des étoffes de Cloeasia et sur toutes les tables les mets et les boissons les plus variés qui s'offrent à l'appétit des visiteurs. Au centre du magasin, les prix de toutes les marchandises sont indiqués sur de grandes peaux de chèvre suspendues au plafond. L'une de ces listes attire tout particulièrement votre attention ; en voici le détail :

ÉPÉES	4 Couronnes pièce
POIGNARDS	2 Couronnes pièce
GLAIVES	6 Couronnes pièce
LANCES	5 Couronnes pièce
METS DÉLICATS	2 Couronnes par Repas
ANNEAUX D'OR	8 Couronnes pièce

COUVERTURES DE FOURRURE	3 Couronnes pièce
SACS A DOS	1 Couronne pièce

Si vous avez suffisamment d'argent pour cela, vous pourrez acheter ce qui vous plaira dans la liste ci-dessus. Lorsque vous aurez modifié en conséquence votre *Feuille d'Aventure*, vous quitterez le magasin par une porte latérale en vous rendant au **245**.

284

Les soldats vous encerclent et confisquent votre Sac à Dos et vos armes ; puis le chevalier s'avance vers vous et lève la visière de son heaume. « Qui êtes-vous ? Que venez vous faire à Tarnalin ?» demande-t-il d'une voix rude. Vous lui répondez que vous êtes un Seigneur Kaï du Sommerlund porteur d'un message urgent destiné au roi Alin. Il ne semble pas très convaincu jusqu'au moment où vous lui montrez le Sceau d'Hammardal. Dès lors, sans la moindre hésitation, il ordonne à ses hommes de vous rendre votre bien et il vous fait franchir le barrage de chariots. Derrière, un carrosse est stationné, au milieu du tunnel encombré. « A Hammardal, et vite ! » ordonne-t-il au cocher en vous entraînant à l'intérieur. Vous avez à peine eu le temps de vous asseoir que les chevaux s'élancent au grand galop. Le chevalier vous apprend bientôt qu'il se nomme Lord Axim de Ryner et qu'il est le commandant de la garde personnelle du roi. Il se rendait à Port Bax lorsque les Monstres d'Enfer ont envahi le tunnel. La terrible bataille qui s'est ensuivie n'a laissé

284 *Le chevalier Lord Axim de Ryner.*

dans ses rangs que onze rescapés : lui-même et dix de ses soldats.
La faim vous tenaille tandis que vous filez dans le tunnel de Tarnalin et il vous faut prendre aussitôt un Repas, sinon, vous perdrez 3 points d'ENDURANCE. Le voyage jusqu'à la capitale durera cinq heures et Lord Axim vous conseille de vous reposer quelque peu d'ici votre arrivée. Vous vous laissez alors gagner par le sommeil et dans un songe, vous vous voyez revenir triomphalement à Holmgard en brandissant le Glaive de Sommer ; la suite du rêve vous montre la défaite cuisante des Maîtres des Ténèbres. Peut-être s'agit-il d'une vision prémonitoire ? Rendez-vous au **9**.

285

Vous sentez les crochets du serpent s'enfoncer dans la manche de votre tunique, mais rien de plus. Vous avez de la chance : seul votre vêtement a souffert de la morsure. Le serpent s'enfuit aussitôt et disparaît dans l'herbe haute ; vous vous hâtez alors de grimper à l'arbre pour passer le reste de la nuit à l'abri de son feuillage, à bonne distance du sol. Rendez-vous au **312**.

286

Vous tombez à la mer et vous nagez sous l'eau pendant plus d'une minute pour éviter de recevoir sur la tête les brandons qui jaillissent des navires enflammés ou les cadavres qu'on précipite par-dessus bord. Lorsque le manque d'air vous oblige enfin à refaire surface, la vision qui s'offre à vous fait renaître l'espoir d'une issue favorable. Rendez-vous au **109**.

287

Vous concentrez toute votre énergie de Seigneur Kaï sur la petite serrure de cuivre et quelques instants plus tard, un déclic à l'intérieur du coffret vous indique que le pêne vient de sortir de sa gâche ; vous soulevez alors le couvercle de la boîte et vous y découvrez un parchemin frappé du Sceau Royal du Sommerlund. Le document contient des instructions confidentielles concernant votre mission. En remettant ensuite le coffret à sa place, vous vous apercevez qu'un mécanisme secret a été aménagé dans le couvercle pour faire échec aux espions : sans le secours de votre Discipline Kaï, une aiguille empoisonnée aurait jailli de la boîte et se serait enfoncée dans votre épiderme, provoquant une mort instantanée. Vous refermez les tiroirs et vous prenez bien soin d'effacer toute trace de votre fouille avant d'aller rejoindre le capitaine sur le pont du navire. Rendez-vous au **175**.

288

Sans prononcer un mot, le chevalier vous montre du doigt la forêt qui s'étend derrière vous et rentre à l'intérieur de la tour, dont il referme la porte à clé. C'est une forêt touffue où s'enchevêtrent parmi les arbres de hautes herbes et des buissons d'épines. Il est inutile d'essayer de la traverser à cheval et il ne vous reste donc plus qu'à abandonner votre monture pour continuer votre chemin à pied. Rendez-vous au **244**.

289

Vous êtes accueilli par une vieille femme vêtue de blanc des pieds à la tête. Elle vous sourit et vous offre une tasse de délicieux Jala. Mais les mésaventures que vous avez vécues à Ragadorn vous ont rendu méfiant et vous refusez poliment de boire le liquide sombre contenu dans la tasse qu'elle vous tend. Vous avez fait un geste de la main pour décliner son offre et elle a vu alors le Sceau d'Hammardal passé à votre doigt. « Quelle bague magnifique ! Est-elle à vendre ? » demande-t-elle le regard brillant de convoitise. Vous lui répliquez d'un ton ferme qu'il n'en est rien mais elle ne se contente pas de cette réponse. Elle vous propose, en échange de l'anneau, l'une des centaines de potions qui remplissent les vitrines alignées derrière le comptoir. Vous haussez les épaules sans même prendre la peine de répondre et vous vous tournez vers la porte avec la ferme intention de quitter aussitôt la boutique. A ce moment, elle vous offre 40 Pièces d'Or pour prix de l'anneau. Allez-vous cette fois, accepter le marché ? Rendez-vous dans ce cas au **165**. Si cette proposition ne vous fait pas changer d'avis, sortez de la boutique et rendez-vous au **186**.

290

Ce repas sent délicieusement bon et vous vous apprêtez à le dévorer lorsque vous remarquez soudain, sur le bord de l'assiette, trois gouttes d'un liquide clair qui vous semble tout d'abord être de l'eau. Mais lorsque vous touchez l'une de ces gouttes du bout des doigts, vous vous apercevez que le liquide est collant et vous reconnaissez aussitôt la consistance de la sève de gandum, un poison mortel, inodore et incolore, qui a la faveur des assassins de tout poil. Une fureur soudaine vous saisit alors et vous vous ruez hors de la chambre avec la ferme intention de découvrir quel est celui ou celle qui a ainsi tenté de vous supprimer. Rendez-vous au **200**.

291

C'est une forêt très touffue où s'enchevêtrent parmi les arbres de hautes herbes et des buissons d'épines. Vous longez la lisière du bois pour essayer de découvrir un sentier, mais sans succès ; il vous sera impossible de traverser cette forêt à cheval et vous allez devoir abandonner votre monture pour continuer votre chemin à pied. Rendez-vous au **244**.

292

Vous marchez sous la pluie depuis trois bonnes heures lorsque vous rencontrez soudain sept hommes à cheval qui vous barrent le passage. Ce sont des mercenaires au service du Suzerain de Ragadorn dont ils arborent l'emblème gravé sur leurs écussons : un vaisseau noir surmonté d'une crête rouge. Ils vous ordonnent de leur donner tout votre or, sinon, ils vous tueront sur place ; et lorsqu'ils s'aperçoivent que vous n'avez plus la moindre Couronne dans votre bourse, vous avez beau essayer de prendre la fuite, ils ont tôt fait de vous rattraper et de vous tailler en pièces. Alors, tandis que vous agonisez sur le bord de la route, les contours de Ragadorn se dessinent au loin : c'est la dernière vision que vous emporterez de ce monde car un instant plus tard, vos yeux se ferment à jamais. Votre mission s'achève donc ici, en même temps que votre vie.

293

Cette route mène à une cabane abandonnée. L'intérieur en est garni de meubles recouverts d'une bonne couche de poussière. De toute évidence, il y a plusieurs mois que personne n'y est entré. La route ne va pas plus loin, c'est un cul-de-sac et vous vous rendez compte à cet instant que vous venez de perdre un temps précieux. Il ne vous reste plus qu'à rebrousser chemin jusqu'à la bifurcation et à prendre la voie de gauche. Hâtez-vous de vous rendre au **155**.

294

Vous enveloppez l'homme blessé dans une couverture, mais il a déjà sombré dans un sommeil dont il ne s'éveillera jamais plus. Vous retournez alors sur le pont où l'on a rassemblé les corps des marins. Le Capitaine Kelman s'approche de vous et vous montre une épée dont la seule vue donne le frisson. « Cette épée n'est pas celle d'un pirate, Loup Solitaire, déclare le capitaine, elle a été fabriquée dans les forges d'Helgedad : c'est une arme de Maître des Ténèbres. » Il jette à la mer l'épée maléfique qui disparaît dans les vagues et vous revenez tous deux à bord du *Sceptre Vert*. L'équipage hisse aussitôt les voiles et le navire reprend sa route vers l'est tandis que, debout sur le pont, vous contemplez avec tristesse le bateau de Durenor qui s'enfonce à jamais dans les flots. Rendez-vous au **240**.

295

L'une des créatures, plus grande que les autres et vêtue d'une magnifique robe de soie en patchwork, crie un ordre dans son étrange dialecte. Tous ses congénères saisissent alors des lances et des épées qui semblent avoir été taillées dans les rayons d'une roue de chariot ou dans des manches à balai. Puis ils se précipitent sur vous en poussant de curieux cris de guerre, quelque chose comme « Gashiss, Nashiss ». Vous n'avez cependant pas le temps de vous intéresser à leur langage, car bientôt, vous serez piétiné à mort par une véritable armée de ces petits êtres hargneux, si vous ne prenez pas immédiatement la fuite. Vous faites donc volte-face et vous courez à perdre haleine le long d'un couloir étroit, jusqu'à ce que leurs cris ne soient plus derrière vous qu'une faible rumeur. Quelques instants plus tard, vous parvenez au bout du passage qui débouche sur le tunnel principal. Vous pouvez à présent continuer votre chemin à une allure plus tranquille. Rendez-vous au **340**.

296

Les clients fuient la taverne lorsque les GARDES passent à l'attaque.

	HABILETÉ	ENDURANCE
Sergent de la GARDE	13	22
Caporal de la GARDE	12	20
Premier GARDE	11	19
Deuxième GARDE	11	19
Troisième GARDE	10	18
Quatrième GARDE	10	17

Vous pouvez prendre la fuite à tout moment en sortant par la porte de derrière ; rendez-vous alors au **88**. Si vous parvenez à tuer tous les gardes, rendez-vous au **221**.

297

A mi-chemin de la rue, vous apercevez sur la gauche une grande écurie et un relais de diligence. Il fait complètement nuit à présent et vous décidez d'y entrer, par une échelle extérieure. Vous allez pouvoir passer la nuit en toute sécurité, caché dans le grenier à foin du relais. Rendez-vous au **32**.

298

Vous entendez derrière vous leurs pas se précipiter et vous faites brusquement volte-face, au moment même où ils dégainent chacun un poignard pour vous attaquer. Si vous n'avez pas d'armes, vous devrez déduire 4 points de votre total d'ENDURANCE et les combattre à mains nues. Vous les affronterez un par un.

	HABILETÉ	ENDURANCE
Chef des VOLEURS	15	23
Premier VOLEUR	13	21
Deuxième VOLEUR	13	20

Vous avez le droit de prendre la fuite à tout moment en vous rendant au **121**. Si vous parvenez à tuer les trois voleurs, rendez-vous au **301**.

299

Vous courez pendant six heures sans vous arrêter. Les Monstres d'Enfer vous attendent sur le grand chemin et il vous faut les éviter en passant par les forêts escarpées qui s'étendent au flanc des collines. Souvent, vous vous sentez si fatigué, vos jambes vous font si mal que vous avez la tentation de tout abandonner. Mais chaque fois que vous faiblissez, le Lieutenant Général Rhygar parvient à vous redonner courage. Son endurance vous émerveille car ce n'est plus un jeune homme et il porte par surcroît la lourde armure des chevaliers du Sommerlund. A la nuit tombée, vous arrivez à l'entrée du tunnel de Tarnalin qui traverse les monts d'Hammardal. Il y a en tout trois tunnels qui mènent à la capitale de Durenor. Tous trois ont été creusés au temps de la Lune Noire et chacun d'eux fait plus de soixante kilomètres de long. Ils constituent les seules voies d'accès à la ville qui est entièrement encerclée par les montagnes. Vous pouvez à présent faire une courte halte et le Lieutenant Général Rhygard s'assied à côté de vous en prenant dans son sac du pain et des viandes. « Mangez, Loup Solitaire, dit-il alors en vous tendant cette nourriture, car vous allez avoir besoin de forces ; il vous faudra en effet parcourir seul ce tunnel qui mène à Hammardal, tandis que je resterai ici pour contenir l'ennemi aussi longtemps que je pourrai combattre. Et ne protestez pas, le succès de votre mission est la seule chose qui compte. » Mais si Rhygard veut arrêter les Monstres d'Enfer, il lui faudra une arme magique car sa propre épée ne lui servira à rien contre ces créatures. Si vous souhaitez lui donner votre Lance Magique pour qu'il puisse défendre l'entrée du tunnel, rendez-vous au **102**. Si vous ne possédez pas cette Lance Magique ou si vous ne voulez pas vous en séparer, rendez-vous au **118**.

300

En arrivant à proximité du bateau, vous constatez que l'échelle de coupée a été relevée. Un marin à la mine peu engageante est accoudé au bastingage et vous lance des injures. De toute évidence, il croit que vous êtes un réfugié qui essaye de monter à bord comme passager clandestin. Mais lorsque vous lui criez que vous êtes le Loup Solitaire et que vous venez d'être trompé par un imposteur, l'échelle est à nouveau baissée. En prenant pied sur le pont, vous êtes accueilli par un homme de haute taille vêtu d'un uniforme passementé d'or. Son visage est presque entièrement caché par une abondante tignasse de cheveux roux et une grande barbe également rousse. « Levez l'ancre ! » ordonne-t-il d'une voix tonitruante. Les hommes d'équipage se précipitent aussitôt à leurs postes comme si leur vie en dépendait et se mettent au travail. Le capitaine vous conduit ensuite à sa cabine et vous offre un verre de Wanlo, l'un des alcools les plus forts qu'on puisse boire dans cette région. Vous lui faites alors le récit de ce qui vient d'arriver et vous remarquez que son visage prend une expression soucieuse. « Tout cela sent la trahison, dit-il d'un air sombre, il est clair que l'ennemi a déjà dressé des plans pour faire échouer votre mission. Il ne faut plus compter sur l'effet de surprise et, quant à moi, j'ai perdu un courageux second. Espérons au moins que la traversée jusqu'au royaume de Durenor sera sans histoire... » Vous le quittez quelques instants plus tard et vous remontez sur le pont juste à temps pour voir disparaître à l'horizon les tours de la capitale ; vous descendez ensuite dans votre propre cabine en éprouvant un sentiment mêlé d'orgueil et d'appréhen-

sion. Utilisez la *Table de Hasard* pour obtenir un chiffre. Si vous tirez 0 ou 1, rendez-vous au **224**. 2 ou 3, rendez-vous au **316**. 4 ou 5, rendez-vous au **81**. 6 ou 7, rendez-vous au **22**. 8 ou 9, rendez-vous au **99**.

301

En fouillant les cadavres, vous trouvez 3 Pièces d'Or, 3 Poignards et un Sabre. Si vous souhaitez emporter l'un ou l'autre de ces objets, modifiez en conséquence votre *Feuille d'Aventure*. Rendez-vous ensuite au **20**.

302

Vous enjambez le corps puis vous montez l'escalier pour fouiller la tour. Au cours d'une perquisition en règle, vous trouvez les objets suivants :

Masse d'Arme, Glaive, Bâton, Potion de guérison (une dose qui vous redonne 3 points d'EN-

DURANCE si vous la buvez après un combat), une quantité de nourriture équivalant à 3 Repas, un Sac à Dos, 12 Pièces d'Or.
Prenez ce dont vous avez besoin, modifiez en conséquence votre *Feuille d'Aventure* et hâtez-vous de quitter la tour de peur que quelqu'un ne découvre votre présence. La forêt qu'il vous faut traverser est très dense et vous allez devoir abandonner votre cheval pour continuer votre chemin à pied. Rendez-vous au **244**.

303

Des amas d'ordures pourrissantes ont été déversés sur cette partie du quai et l'odeur qui s'en dégage est si pestilentielle que vous vous couvrez la bouche et le nez d'un pan de votre cape. Un peu plus loin sur votre gauche, vous apercevez la lueur d'une torche qui filtre par une porte ouverte. Une enseigne est accrochée au-dessus de la porte et porte cette inscription :

Si vous souhaitez entrer dans le magasin, rendez-vous au **173**. Si vous préférez poursuivre en direction du sud, rendez-vous au **18**.

304

Vous éprouverez peut-être quelque consolation en apprenant que votre mort a été quasiment instantanée. En quelques secondes, les doigts du Monstre d'Enfer vous ont déchiré la gorge et le Sceau d'Hammardal ne tardera pas à parvenir à Helgedad, la ville des Maîtres des Ténèbres. Votre mission s'achève ici en même temps que votre vie.

305

Un silence pesant s'installe dans la taverne, il en faut davantage cependant pour vous impressionner et c'est avec le plus grand calme que vous ramassez les 5 Pièces d'Or posées sur la table. Vous vous dirigez ensuite vers la porte, mais, au moment où vous allez sortir, un marin d'une laideur repoussante vous bloque le passage en brandissant une épée. Un instant plus tard, alors que vous vous demandez ce qu'il convient de faire, un coup sourd résonne dans le silence de la salle et l'homme tombe à genoux sur le plancher. Vous avez la surprise de reconnaître, debout derrière lui, la servante qui tient fermement des deux mains une grosse massue de bois. Vous la remerciez d'un sourire complice, mais le temps n'est pas aux effusions et vous vous hâtez de disparaître dans l'ombre de la rue tandis qu'à l'intérieur de la taverne, des voix s'élèvent pour vous maudire. Après avoir couru pendant dix minutes dans le noir, vous apercevez un peu plus loin une grande écurie et un relais de diligence ; derrière vous retentissent des cris de marins furieux qui vous poursuivent dans la rue : pour leur échapper, vous montez quatre à quatre une échelle extérieure qui mène à un grenier. Là, vous pourrez passer la nuit en toute sécurité, blotti parmi des bottes de foin. Rendez-vous au **32**.

306

Le soldat vous donne un coup de lance en visant votre poitrine, mais vous faites un pas de côté et le fer vous écorche à peine le bras. Le GARDE est décidé à se battre ; or, vous ne voulez pas le tuer, simplement essayer de l'assommer. Menez ce combat à la manière habituelle, mais en multipliant par 2 les points d'ENDURANCE perdus par votre adversaire. Lorsque son total d'ENDURANCE sera descendu à 0, vous aurez réussi à le mettre hors de combat. En ce qui vous concerne, tous les points d'ENDURANCE que vous perdrez lors de cet affrontement seront normalement déduits de votre total.

GARDE
FRONTALIER HABILETÉ : 16 ENDURANCE : 24

Si vous parvenez à assommer ce soldat, rendez-vous au **35**.

307

Les soldats se montrent menaçants et prêts à attaquer. Il vous faut prendre une décision rapide. Si vous voulez essayer de les corrompre en leur offrant de l'or, rendez-vous au **57**. Si vous préférez leur montrer le Sceau d'Hammardal (en admettant qu'il soit toujours en votre possession), rendez-vous au **140**. Si vous estimez enfin qu'il vaut mieux dégainer votre arme et les combattre, rendez-vous au **282**.

308

Un marin du nom de Sprogg s'est assis à côté de vous et vous explique les règles du jeu de "Hublot". Il vous montre d'abord une paire de dés en forme de diamant, taillés dans du verre rouge. Chaque dé possède dix faces numérotées de 0 à 9 ; les joueurs doivent lancer les deux dés et ajouter les chiffres obtenus. Celui qui tire deux 0 crie "Hublot" ! et gagne automatiquement. Chaque joueur mise trois Couronnes à chaque lancer de dés. Il y a trois joueurs en tout, et chacun dépose ses Pièces d'Or dans un chapeau avant que les dés soient jetés.

Utilisez la *Table de Hasard* pour obtenir deux chiffres. Faites ainsi deux tirages de deux chiffres qui correspondront aux scores obtenus par chacun des deux autres joueurs, puis notez le résultat de ces deux tirages consécutifs. Ensuite, la *Table de Hasard* vous donnera votre propre score (vous tirerez également deux chiffres pour vous-même). Si le total que vous obtiendrez est supérieur à celui de chacun des deux autres joueurs vous gagnerez 6 Couronnes. Si l'un des deux autres joueurs a fait un tirage supérieur au vôtre, vous perdrez 3 Couronnes. En cas d'égalité entre deux joueurs, la partie est annulée et vous recommencez le tirage depuis le début. Vous pouvez jouer autant que vous voudrez, sans dépasser un gain maximum de 40 Couronnes. Vous avez également le droit de quitter la table de jeu quand bon vous semblera et vous êtes bien entendu obligé d'abandonner la partie si vous perdez toutes vos Pièces d'Or. Lorsque vous aurez décidé d'arrêter de jouer, modifiez votre *Feuille d'Aventure* en fonction de vos gains ou de vos pertes et rentrez dormir dans votre cabine en vous rendant au **197**.

309

Lorsque vous avancez sur le pont, les hideuses créatures font volte-face et s'enfuient devant la clarté d'or de votre Glaive. Ce vaisseau fantôme vous semble alors étrange, il vous rappelle quelque chose de familier, mais vous ne savez pas quoi exactement. Puis soudain, une voix sépulcrale retentit derrière vous en vous appelant par votre nom. Vous vous retournez en brandissant le Glaive de Sommer et une vision terrifiante vous glace alors le sang. Rendez-vous au **26**.

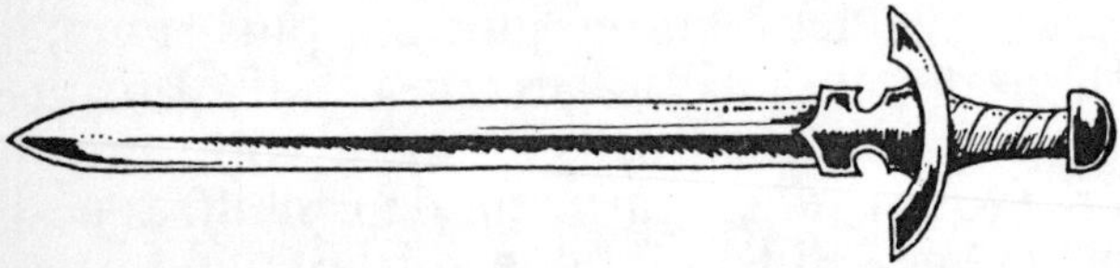

310

Vous arrivez bientôt au bout de la rue du Col Vert ; une autre rue orientée nord-sud la croise à cet endroit, mais il fait si noir à présent que vous êtes bien incapable de lire le nom qu'elle porte. Il est temps de trouver un abri pour la nuit et vous apercevez alors, un peu plus loin, une enseigne éclairée qui indique :

ÉCURIES DE RAGADORN
RELAIS DE DILIGENCE

Profitant de l'obscurité, vous montez quatre à quatre une échelle extérieure qui vous mène à un grenier : c'est l'endroit idéal pour passer la nuit, blotti parmi des bottes de foin. Rendez-vous au **32**.

311

Vous tombez à plat ventre dans un enchevêtrement d'épaisses fougères tandis que résonnent à vos oreilles le cliquetis des épées et les cris terrifiants des Monstres d'Enfer. Vous êtes à moitié assommé et vous ne pouvez plus faire un geste. Enfin, une main vous saisit le bras et vous remet debout d'un geste vigoureux. C'est le Lieutenant Général Rhygar, le visage ensanglanté, son armure bosselée et noircie. « Il faut fuir ces démons ! s'exclame-t-il, la force de nos épées ne peut rien contre eux. » Vous apercevez alors les silhouettes de six Monstres d'Enfer occupés à anéantir par leur seule Puissance Psychique les malheureux soldats du Lieutenant Général. Or, tandis qu'ils se concentrent ainsi, vous parvenez à vous échapper, Rhygar et vous, en vous glissant dans les broussailles pour atteindre l'abri de la forêt. Rendez-vous au **299**.

312

Lorsque l'aube se lève, il fait froid et la pluie tombe à verse ; votre cape de Seigneur Kaï et l'abri du feuillage vous ont cependant protégé en vous tenant au chaud et au sec la nuit durant. Vous jetez un coup d'œil à la route qui longe la côte et vous apercevez au loin une diligence qui avance dans votre direction. Si vous souhaitez descendre de l'arbre et faire signe au conducteur de l'attelage, rendez-vous au **117**. Si vous préférez essayer de sauter sur le toit de la diligence lorsqu'elle passera sous les branches de l'arbre, rendez-vous au **89**.

313

Les cris terrifiants des Monstres d'Enfer s'évanouissent enfin derrière vous et vous pouvez vous arrêter quelques instants pour reprendre votre souffle. Vous grimacez alors de douleur. car les doigts de l'épouvantable créature vous ont brûlé la gorge, vous infligeant des blessures cuisantes qui vous coûtent 4 points d'ENDURANCE. Vous déchirez un pan de votre tunique pour en faire un bandage, puis vous poursuivez votre route le long du tunnel de Tarnalin. Rendez-vous au **349**.

314

L'aubergiste est un vieil homme maigre, sec et borgne. Il vous tend une clé et vous désigne du doigt un escalier qui mène à une galerie. « Chambre 2, c'est la porte rouge », dit-il. Les autres voyageurs payent chacun leur Couronne, prennent la clé de leur chambre puis traversent la salle bondée de la taverne en direction de l'escalier. « Il nous faut établir un programme pour demain, dit alors Dorier. Je suggère que nous nous retrouvions au bar dans une heure pour décider de ce qu'il convient de faire. » Tous les autres approuvent d'un signe de tête. Lorsque vous refermez la porte de votre chambre, les paroles du capitaine Kelman vous reviennent soudain en mémoire : « Tout cela sent la trahison, avait-il dit d'un air sombre, il est clair que l'ennemi a déjà dressé des plans pour faire échouer votre mission. » Il s'est écoulé presque

314 *L'aubergiste, un vieil homme sec et borgne, vous apporte un repas chaud.*

une heure lorsque des coups frappés à la porte viennent interrompre le fil de vos pensées. C'est l'aubergiste qui vous apporte un repas chaud. « Avec les compliments d'un de vos amis », dit-il en déposant un plateau devant vous. Puis il quitte la chambre avant que vous ayez pu lui demander le nom de ce mystérieux ami. Le plat qu'il vous a apporté est fort appétissant et d'ailleurs vous n'avez pas mangé de la journée. Il est donc temps de prendre un Repas, sinon, vous perdrez 3 points d'ENDURANCE. Si vous souhaitez manger ce que l'aubergiste vous a apporté, rendez-vous au **36**. Si vous ne voulez pas toucher à cette nourriture, rendez-vous au **178**. Enfin, si vous maîtrisez la Discipline Kaï de la Chasse, rendez-vous au **290**.

315

Tout en gardant un œil sur la porte, vous fouillez rapidement les tiroirs et les papiers disposés sur une table ouvragée mais vous ne trouvez rien de suspect. Il n'y a là que des cartes maritimes et des instruments de navigation. Vous êtes sur le point d'abandonner vos recherches lorsque vous découvrez un petit levier dissimulé sous la table. Vous l'actionnez et un panneau glisse aussitôt, révélant une cachette dans laquelle un petit coffret à la serrure de cuivre a été déposé. Si vous voulez forcer la serrure de cette boîte, rendez-vous au **190**. Si vous préférez remettre le coffret à sa place et rejoindre le capitaine sur le pont avant qu'il ne soupçonne quelque chose, rendez-vous au **175**. Enfin, si vous possédez la Discipline Kaï de la Maîtrise Psychique de la Matière, rendez-vous au **287**.

316

Le lendemain matin, vous êtes réveillé par les cris de la vigie postée dans le nid de pie. « Navire en vue par tribord avant ! » annonce-t-il. Vous montez aussitôt sur le pont en affrontant vaillamment la fraîcheur de la brise marine. A l'horizon, on aperçoit les rivages boisés qui s'étendent à l'est du Sommerlund et à mi-chemin, un navire marchand qui semble sérieusement endommagé. Un seul de ses mâts reste encore intact et il est de toute évidence en train de sombrer. Le navire bat pavillon de Durenor, mais le drapeau a été hissé à l'envers en signe de détresse. Utilisez la *Table de Hasard* pour obtenir un chiffre. Si vous tirez un chiffre entre 0 et 4, rendez-vous au **107**. Entre 5 et 9, rendez-vous au **94**.

317

Au cri de détresse du Squall à l'agonie répond bientôt le vôtre car deux carreaux d'arbalète viennent de se planter dans votre dos. Votre mission s'achève ici, en même temps que votre vie.

318

Vous vous trouvez dans un vaste hall entièrement désert. Face à vous, vous apercevez deux portes sur lesquelles sont fixées des plaques de cuivre. Si vous voulez franchir la porte dont la plaque indique "laissez-passer blancs", rendez-vous au **75**. Si vous préférez pousser la porte dont la plaque indique "laissez-passer rouges", rendez-vous au **62**. Enfin, si vous préférez ressortir et vous approcher des gardes postés au bout de la rue, rendez-vous au **246**.

319

La rue aboutit soudain à une grande tour de guet aux murs de pierre. Si vous souhaitez entrer dans la tour, rendez-vous au **271**. Si vous préférez retourner dans la taverne, rendez-vous au **177**.

320

En ouvrant son sac, vous y découvrez avec horreur un parchemin en peau humaine sur lequel un message a été tracé dans une étrange écriture runique. Le seul mot que vous parvenez à reconnaître est “Kaï”. Vous trouvez également dans le sac un poignard à la lame noire dont la seule vue vous fait frissonner, ainsi qu'un bloc d'obsidienne. Ces objets portent la marque des Maîtres des Ténèbres, et il n'est pas étonnant que vous vous sentiez soudain fort inquiet. Vous jetez le sac à terre comme s'il s'agissait d'un charbon ardent et vous vous hâtez de rejoindre votre cheval. Hélas, le malheur veut qu'il ait disparu : sans doute les Squalls l'ont-ils volé. Vous poussez alors un soupir de découragement et vous vous résignez à poursuivre votre route à pied. Rendez-vous au **138**.

321

Le repas frugal est composé de restes de la veille qui n'ont rien d'appétissant. A la fin de ce piètre souper, le capitaine vous fait quelques confidences qui confirment vos craintes. « Je dois vous avouer quelque chose, Seigneur Kaï, dit-il : le feu a détruit tous nos vivres et il ne restait plus dans la cambuse que de quoi préparer ce maigre repas. D'ici à Port Bax, il faudra nous contenter du poisson que nous pourrons pêcher... » A moins qu'il ne vous reste de quoi manger dans votre Sac à Dos, ce détestable dîner vous laisse sur votre faim et vous perdez 2 points d'ENDURANCE. Plus tard dans la soirée, le capitaine vous propose une partie de Samor ; c'est un jeu semblable aux échecs qui demande beaucoup d'ingéniosité et d'audace. Pour ajouter à l'intérêt de la partie, le capitaine vous invite à miser un peu d'or. Si vous acceptez son offre, rendez-vous au **12**. Si en revanche vous n'avez pas envie de jouer, souhaitez une bonne nuit au capitaine et rentrez dormir dans votre cabine en vous rendant au **197**.

322

Ces cavaliers vêtus de capes sont entourés d'une aura maléfique et votre Sixième Sens vous avertit qu'il serait imprudent de suivre Rhygar et ses hommes. Vous leur criez de revenir immédiatement, mais il est trop tard : leurs propres cris de guerre et le galop de leurs montures couvrent votre voix. Rendez-vous au **277**.

323

Vous longez cette rue sordide qui, bientôt, tourne brusquement vers l'est pour aboutir dans la rue de la Vigie. Au loin, vous apercevez les eaux du Fleuve Dorn qui sépare les parties Est et Ouest de Ragadorn. Vous poursuivez votre chemin sous la pluie battante lorsque trois hommes d'allure louche surgissent soudain d'une ruelle et vous emboîtent le pas. Si vous souhaitez interrompre votre marche et affronter ces trois individus, rendez-vous au **131**. Si vous préférez continuer à marcher, rendez-vous au **298**. Enfin, si vous estimez plus judicieux de courir en direction du fleuve, rendez-vous au **121**.

324

Qu'allez-vous faire ? Dire que vous vous êtes perdu et demander un abri pour la nuit ? Rendez-vous au **135**. Vous faire passer pour un paysan qui cherche du travail ? Rendez-vous au **174**. Demander votre chemin pour rejoindre Port Bax ? Rendez-vous au **288**.

325

Votre Sens de l'Orientation vous indique que le couloir de gauche est le chemin le plus court pour Hammardal ; vous gagnerez environ trois kilomètres en l'empruntant. Un peu avant la bifurcation, une grande flaque d'eau s'est formée au milieu de la chaussée et les traces de pas de deux hommes qui ont marché dans la flaque sont visibles sur le sol. Chacun d'eux a pris un chemin différent ; l'un a suivi le tunnel de gauche, l'autre celui de droite. Les traces sont encore humides et il est probable que les deux hommes sont passés là il y a moins de vingt minutes. Si vous souhaitez suivre les traces qui mènent dans le couloir de gauche, rendez-vous au **64**. Si vous préférez suivre les traces qui conduisent au couloir de droite, rendez-vous au **164**.

326

Le capitaine ordonne à l'équipage de hisser toutes les voiles pour essayer d'échapper aux pirates, mais le vaisseau de ces derniers est rapide et ils s'efforcent de couper la route du *Sceptre Vert*. La collision semble inévitable. « Attention à l'abordage ! » s'écrie le capitaine alors que le flanc du navire aux voiles rouges se dresse soudain devant vous. Dans un fracas impressionnant, la proue du *Sceptre Vert* déchire le flanc du bateau pirate. Des éclats de bois volent en tous sens et vous êtes projeté à plat ventre sur le pont sous la violence du choc. Les pirates montent immédiatement à l'assaut et vous apercevez avec horreur, au milieu de cette horde vociférante, la silhouette vêtue de noir d'un GUERRIER DRAKKARIM. Il vous a aussitôt repéré et s'avance vers vous, son glaive impressionnant levé au-dessus de sa tête. Il vous faut l'affronter dans un combat à mort.

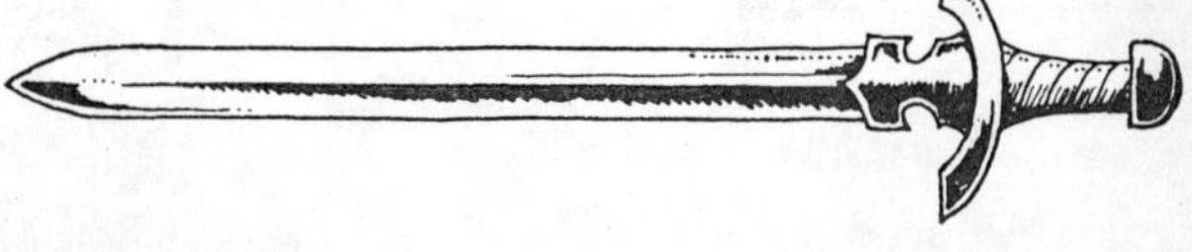

GUERRIER
DRAKKARIM HABILETÉ : 15 ENDURANCE : 25

326 *Vous apercevez avec horreur, la silhouette vêtue de noir d'un Guerrier Drakkarim.*

Si vous remportez la victoire, rendez-vous au **184**.

327

Vous rebroussez chemin le long de la rue pavée en vous demandant ce qu'il convient de faire lorsqu'un jeune garçon s'approche de vous. « Je peux vous faire entrer dans le port, dit-il, mais il faudra payer. » Il vous montre alors une enveloppe remplie de papiers officiels ou qui semblent tels. « Grâce à ces papiers, poursuit-il, vous obtiendrez un laissez-passer rouge au poste de garde du port. Ils sont à vous pour 6 Couronnes seulement. » Si vous souhaitez acheter ces documents, payez-les 6 Couronnes. Si vous refusez, le garçon vous laisse là et disparaît bientôt. Lorsque vous aurez pris une décision, vous retournerez à la tour. Si vous souhaitez y entrer, rendez-vous au **318**. Si vous préférez emprunter l'avenue bordée d'arbres pour retourner à l'hôtel de ville et y demander comment faire pour vous rendre au Consulat du Sommerlund, allez dans ce cas au **84**.

328

Deux zombies essayent de vous interdire le passage, mais vous leur tranchez le corps à tous deux d'un seul coup du Glaive de Sommer. Vous vous trouvez à présent au pied de la tour et vous apercevez au-dessus de vous la silhouette d'un homme bossu, vêtu d'une robe écarlate et coiffé d'un tokmor, un turban de magicien, sur lequel l'image d'un serpent a été brodée. L'homme tient un bâton noir dans sa main droite. Si vous possédez un Pendentif avec une Etoile de Cristal, rendez-vous au **113**. Si vous maîtrisez la discipline Kaï de l'Orientation, rendez-vous au **204**. Si vous souhaitez monter en haut de la tour pour attaquer le bossu, rendez-vous au **73**. Si vous préférez vous enfuir de ce vaisseau en sautant par-dessus bord, rendez-vous au **267**.

329

« Félicitations, Loup Solitaire, dit bientôt le capitaine en essuyant la sueur qui perle à son front, vous êtes un joueur de première force et vous avez gagné. » Il fouille dans une poche de son gilet et vous tend une bourse contenant 10 Pièces d'Or. Vous le remerciez d'avoir joué avec vous et vous lui proposez de prendre sa revanche le lendemain soir. Avec un sourire quelque peu amer, il accepte votre offre et vous souhaite bonne nuit. Rentrez dormir dans votre cabine, à présent, en vous rendant au **197**.

330

Quelques secondes plus tard, vous vous sentez très mal et vous sombrez dans l'inconscience. Il s'est écoulé presque une heure lorsque vous vous réveillez. Vous êtes encore terriblement malade, mais vous avez survécu aux effets du poison. Vous perdez 5 points d'ENDURANCE, cependant. Puis, tandis que vos forces reviennent peu à peu, la fureur vous envahit : vous ramassez vos affaires et vous quittez aussitôt la chambre d'un pas chancelant, bien décidé à démasquer celui ou celle qui a tenté de vous assassiner. Rendez-vous au **200**.

331

En fouillant le cadavre du soldat, vous découvrez une Epée, un Poignard et 3 Pièces d'Or. Vous pouvez garder l'une ou l'autre de ces trouvailles en modifiant en conséquence votre *Feuille d'Aventure*. Puis soudain, vous entendez le bruit de semelles cloutées qui descendent les marches de pierre de l'escalier. Vous levez alors la tête et vous apercevez un autre soldat à l'étage au-dessus. Vous vous précipitez aussitôt hors de la tour et vous prenez vos jambes à votre cou tandis que le soldat vous abreuve d'injures. Rendez-vous au **65**.

332

Il vous faut à présent combattre le MONSTRE D'ENFER.

MONSTRE
D'ENFER HABILETÉ : 21 ENDURANCE : 30

Il vous attaque en faisant usage de sa Puissance Psychique et si vous ne maîtrisez pas la Discipline Kaï du Bouclier Psychique, vous perdrez 2 points d'ENDURANCE supplémentaire au cours de *chaque* assaut. Si vous êtes vainqueur, rendez-vous au **92**. Vous pouvez prendre la fuite à tout moment en vous réfugiant dans la forêt ; rendez-vous dans ce cas au **183**.

333

Le marin qui se faisait passer pour Ronan semble avoir pris la fuite au cours du combat. Vous fouillez rapidement les cadavres des autres brigands, mais vous ne découvrez rien d'intéressant. Vous remarquez cependant que chacun des malfaiteurs porte au poignet gauche un tatouage représentant un serpent. Il est clair que celui qui leur a donné l'ordre de vous tuer, quel qu'il soit, connaît déjà la nature de votre mission. Vous quittez la taverne par la porte latérale et vous découvrez en passant devant un escalier le cadavre d'un marin dissimulé sous les marches. Cousue à l'intérieur du col de sa veste tachée de sang, une étiquette porte ce nom : Ronan. Voici donc celui avec qui vous aviez rendez-vous et que vos ennemis ont assassiné pour prendre sa place. Vous couvrez son corps et vous sortez de la taverne en prenant la direction du port dans lequel est ancré le *Sceptre Vert,* à quelque 300 mètres du quai. Si vous souhaitez rejoindre le navire en empruntant l'un des canots qui sont amarrés le long du quai, rendez-vous au **300**. Si vous préférez essayer de retrouver l'imposteur qui s'est fait passer pour Ronan, rendez-vous au **67**.

334

Quelques kilomètres plus loin, le sentier est recouvert de broussailles et disparaît complètement sous les herbes et les buissons d'épines. Il devient difficile d'avancer car les marécages et les fondrières abondent sur la lande. Il vous faut plusieurs heures d'un parcours malaisé pour atteindre enfin la lisière de la forêt de Durenor. Vous distinguez alors la silhouette d'une haute tour dressée parmi les fougères. Des volutes de fumée s'élèvent paresseusement d'une cheminée. Si vous souhaitez entrer dans cette tour, rendez-vous au **115**. Si vous préférez chercher un chemin qui traverse la forêt, rendez-vous au **291**. Enfin, si vous maîtrisez la Discipline Kaï de l'Orientation, rendez-vous au **98**.

335

Vous remarquez une enseigne accrochée à la façade d'une petite boutique :

Si vous souhaitez entrer dans cette boutique et y demander votre chemin pour Durenor, rendez-vous au **161**. Si vous préférez continuer tout droit, rendez-vous au **61**.

336

En une fraction de seconde, l'éclair change de direction, attiré par le Glaive de Sommer qui en absorbe aussitôt l'énergie aussi facilement qu'une éponge absorbe une goutte d'eau. C'est là un des pouvoirs du Glaive, comme vous l'avez appris au cours de votre entraînement : il vous protège de toute magie et vient ainsi de vous épargner une mort certaine. Le sorcier lance alors un juron, arrache une pierre précieuse de son turban richement orné et la jette à vos pieds. Une flamme en jaillit instantanément et un nuage vert s'élève vers vous : c'est un gaz puissant dont l'odeur acide vous fait suffoquer. Pour échapper à ce gaz délétère, vous êtes contraint de sauter sur le pont et le sorcier profite de cette diversion pour s'enfuir du vaisseau fantôme à bord d'un canot dont il actionne les rames avec une véritable frénésie. Si vous souhaitez vous aussi quitter le vaisseau fantôme en plongeant dans la mer, rendez-vous au **109**. Si vous préférez essayer de rejoindre un navire de la flotte de Durenor au prix de quelques combats, rendez-vous au **185**.

337

Lorsque vous n'êtes plus qu'à une cinquantaine de mètres du rivage, vous vous laissez glisser dans l'eau et vous nagez vers la terre ferme. Bientôt, vous atteignez enfin la plage ; vous êtes épuisé et vous vous traînez sur le sable jusqu'aux dunes qui s'élèvent un peu plus loin et à l'abri desquelles vous pouvez reprendre haleine. En plus de la fatigue, la faim vous tenaille mais il vous faut d'abord faire l'inventaire de ce qui vous reste. Vous avez réussi à conserver vos Pièces d'Or, votre Sac à Dos et les Objets Spéciaux dont vous n'avez pas été contraint de vous séparer au cours de la tempête. Vos armes en revanche sont perdues. Modifiez votre *Feuille d'Aventure* en conséquence et prenez quelques minutes de repos. Vous vous relevez ensuite et vous parcourez à pied quelques centaines de mètres. Là, vous trouvez de petits arbres aux branches contournées qui portent des fruits violets. Si vous souhaitez manger ces fruits, rendez-vous au **228**. Si vous préférez ne pas les manger, vous perdrez 3 points d'ENDURANCE avant de vous rendre au **171**. Enfin, si vous maîtrisez la Discipline Kaï de la Chasse, rendez-vous au **139**.

338

Vous empoignez la lance et vous la levez au-dessus de votre tête en visant le Monstre d'Enfer qui se met à hurler de terreur : il sait en effet que le fer de votre lance lui sera fatal. Sous le choc, vous tombez tous deux sur la chaussée en contrebas. La chute est rude et vous coûte 2 points d'ENDURANCE. Quant au Monstre d'Enfer, il s'écrase sur la lance plantée dans sa poitrine et le fer lui transperce instantanément le cœur. Si vous souhaitez arracher votre lance du corps de la créature, rendez-vous au **269**. Si vous préférez abandonner la lance et prendre la fuite aussi vite que possible, rendez-vous au **349**.

339

Une demi-heure plus tard, la diligence est arrêtée par des cavaliers en armes. Ils portent l'emblême de Lachelan, le Suzerain de Ragadorn : un vaisseau noir surmonté d'une crête rouge. Ils exigent de l'or en paiement de ce qu'ils appellent une "taxe de sortie" : il en coûtera une Couronne à chaque passager. Vos compagnons de voyage déposent chacun une Pièce d'Or sur une assiette qu'ils vous tendent ensuite. Si vous avez les moyens de payer cette taxe, déposez à votre tour une Couronne sur l'assiette ; la diligence alors pourra repartir et vous vous rendrez au **249**. Si vous n'avez plus d'or, rendez-vous au **50**.

340

Vous continuez de marcher pendant encore une demi-heure le long du tunnel avant d'arriver à une bifurcation. Si vous souhaitez prendre la voie de gauche, rendez-vous au **64**. Si vous préférez emprunter la voie de droite, rendez-vous au **164**.

341

Il ne reste plus du malheureux navire qu'une coque fracassée et les lambeaux de voiles. Vous insistez auprès du capitaine pour qu'il fasse rechercher d'éventuels survivants, mais il ignore votre demande et ordonne à ses hommes d'équipage de poursuivre leur tâche. Alors, tandis que vous vous éloignez de l'épave, un sentiment d'appréhension vous envahit peu à peu : et si un sort semblable vous attendait, vous aussi ? La gorge sèche, vous descendez sur le pont inférieur pour rejoindre votre cabine en prenant bien soin d'en fermer la porte à clé. Rendez-vous au **240**.

342

C'est une véritable montagne humaine, le crâne complètement chauve et les oreilles ornées de gros anneaux d'or. Il vous regarde d'un air soupçonneux avant de vous adresser enfin la parole : « Une bière coûte 1 Pièce d'Or, une chambre 2 Pièces. Qu'est-ce que vous choisissez ? » Si vous souhaitez prendre une bière, payez une Pièce d'Or et rendez-vous au **72**. Si vous préférez louer une chambre pour la nuit, payez 2 Pièces d'Or à l'aubergiste et rendez-vous au **56**. Si vous n'avez besoin ni de l'une ni de l'autre, vous pouvez demander plutôt à cet homme de vous parler de Ragadorn ; rendez-vous pour cela au **226**.

343

Vous avez soudain la certitude que la victime désignée de ce prétendu accident n'était autre que vous-même. L'un de vos compagnons de voyage a l'intention de vous tuer ! Rendez-vous au **168**.

344

Votre Sixième Sens vous révèle que ces étrangers sont des Monstres d'Enfer, les féroces serviteurs des Maîtres des Ténèbres, et qu'ils ont pour mission de vous assassiner. Ces immondes créatures ont le pouvoir de prendre à leur guise une apparence humaine et sont par ailleurs invulnérables aux armes habituelles tout autant qu'à la Puissance Psychique. Vous criez à Rhygar et à ses hommes de prendre garde à ces monstres, puis vous vous enfuyez vers la forêt. Rendez-vous au **183**.

345

Une bataille féroce s'est engagée sur le navire tandis que les Gloks s'efforcent de prendre le contrôle du *Sceptre Vert*. Perchés en haut des mâts, les Kraans sont en train de déchirer les voiles avec leurs serres et leurs dents tranchantes comme des rasoirs ; pendant ce temps, les Bêtalzans retournent vers la Pointe des Naufragés pour aller remplir leurs filets d'autres Gloks avides de participer aux combats. Bientôt, une silhouette menaçante apparaît sur le pont jonché de cadavres. C'est un DRAKKARIM un cruel guerrier à la solde des Maîtres des Ténèbres. Il taille en pièces quiconque se trouve sur son chemin, marin ou Glok et s'avance vers vous en brandissant un glaive d'un noir de jais. Parvenu devant vous, il se lance à l'attaque et il vous faut le combattre jusqu'à la mort de l'un de vous deux.

DRAKKARIM HABILETÉ : 16 ENDURANCE : 24

Si vous êtes vainqueur, rendez-vous au **243**.

346

Le cocher hoche la tête et vous rend le billet. L'auberge est bien chauffée, mais pauvrement meublée. Vous allez devoir prendre ici un repas qui vous coûtera une Couronne, à moins que vous n'ayez de quoi manger dans votre Sac à Dos. Si vous ne possédez ni or ni nourriture, vous perdez 3 points d'ENDURANCE. Si vous maîtrisez la Discipline Kaï de la Chasse, vous ne pourrez pas vous en servir tant que vous traverserez le Pays Sauvage, car c'est un désert entièrement aride où ne vivent que des Squalls, des créatures chétives et couardes apparentées aux Gloks et tout à fait impropres à la consommation. Si vous avez les moyens de vous offrir une chambre au prix de 1 Couronne, rendez-vous au **280**. Si vous n'avez pas d'argent, rendez-vous au **205**.

347

Au bout de cette rue se trouve une grande écurie. A votre droite, la populace déchaînée est en train de fouiller les boutiques et les maisons pour essayer de vous retrouver. Soudain, un homme vous aperçoit et donne l'alerte. « Il est là ! s'écrie-t-il, c'est lui, c'est l'assassin ! » Vous n'avez pas le temps de réfléchir : vous vous précipitez à l'intérieur de l'écurie et vous détachez un cheval ; vous bondissez aussitôt sur sa croupe et vous filez au galop. Quelqu'un vous lance alors une hache qui vous atteint à l'épaule en n'occasionnant cependant qu'une simple égratignure. Vous perdez malgré tout un point d'ENDURANCE et vous disparaissez dans la nuit, loin de vos poursuivants. Rendez-vous au **150**.

348

L'homme cesse de sourire et une expression de mépris apparaît sur son visage. D'un mouvement rapide, il s'éloigne de la table. « Peut-être que ni vous ni moi ne sommes celui que nous prétendons être, mais qu'importe, vous ne vivrez pas assez longtemps pour découvrir qui je suis ! » lance-t-il avec hargne. Vous entendez alors une porte s'ouvrir à la volée derrière vous. Vous faites aussitôt volte-face et vous voyez trois BRIGANDS s'avancer dans votre direction. Chacun d'eux est armé d'un cimeterre et vous allez devoir les combattre en les considérant comme un seul et même adversaire.

BRIGANDS HABILETÉ : 16 ENDURANCE : 25

Vous aurez le droit de prendre la fuite après avoir mené contre eux deux assauts au moins : vous sortirez alors par la porte latérale en vous rendant au **125**. Si vous êtes vainqueur, rendez-vous au **333**.

349

Vous avez parcouru environ 5 km lorsque vous apercevez au loin une rangée de chariots. Ils ont été placés en travers de la chaussée pour interdire le passage, et des soldats en uniforme rouge ont pris position sur les toits de chaque véhicule. Une foule considérable est rassemblée derrière ce barrage et vous entendez la rumeur de conversations animées, répercutées en écho le long du tunnel. Tandis que vous vous approchez, le silence se fait soudain et tous les regards se tournent dans votre direction. Un détachement d'une dizaine de soldats mené par un chevalier qui porte un écusson frappé aux armes du royaume de Durenor s'avance alors vers vous. Si vous souhaitez attaquer ces soldats, rendez-vous au **87**. Si vous préférez lever les mains en continuant de vous approcher d'eux, rendez-vous au **284**.

350

La ville de Holmgard a beaucoup souffert depuis votre départ. Le long des quais, nombre de maisons et de boutiques ne sont plus que cendres désormais. L'armée maléfique des Maîtres des Ténèbres encercle les murailles et leurs effroyables machines de guerre maintiennent la cité sous un déluge de feu qui déchire la nuit sans relâche. Les habitants épuisés et affamés combattent du mieux qu'ils peuvent les incendies qui se déclarent un peu partout dans la ville sous l'effet des projectiles enflammés. Lorsqu'elle entre dans le port, la flotte durenoraise est tout d'abord accueillie par des cris de désespoir ; les assiégés ont cru en effet qu'il s'agissait là de vaisseaux ennemis venus en renfort. Mais lorsque les premiers soldats descendent sur le quai en déployant l'étendard de Durenor, la nouvelle a tôt fait de se répandre de l'arrivée des alliés. Les cris de désespoir se changent alors en hurlements de joie. « Le Seigneur Kaï est de retour ! » s'exclame-t-on bientôt dans toute la capitale.

Vous vous tenez debout au sommet d'une haute tour, qui défend la plus grande porte de la ville lorsque les premières lueurs de l'aube naissent à l'horizon. Des milliers et des milliers d'ennemis aux uniformes noirs sont massés autour des murs de la cité, grouillant comme des cancrelats le long des tranchées qui sillonnent la plaine. Au milieu de cette horde, une tente rouge a été dressée qui porte l'emblême de Zagarna, Seigneur de Kaag, l'un des Maîtres des Ténèbres, venu d'Heldegad. L'emblême représente un crâne fracassé. Zagarna a pour ambition de détruire Holmgard et il souhaite plus que tout conduire son armée à la victoire sur la Maison d'Ulnar pour se proclamer ensuite roi du Sommerlund. Mais la victoire ne sera pas pour aujourd'hui,

car bientôt, vous levez au-dessus de votre tête le Glaive de Sommer : au même instant, un rayon de soleil vient se refléter sur la pointe de l'épée d'or et un jaillissement de flammes blanches et aveuglantes parcourt toute la longueur de sa lame. La puissance du Glaive vous emplit d'une fantastique énergie. Tout votre corps s'anime, vous vous sentez frémir de la tête au pied et d'un geste ample vous abaissez l'Arme fantastique en pointant sa lame sur la tente de Zagarna. Dans un formidable roulement de tonnerre, un rayon blanc jaillit alors de l'épée magique et vient frapper la tente qui explose dans une tempête de feu, un champignon enflammé s'élevant jusqu'au ciel. Un épouvantable hurlement retentit aussitôt dont l'écho semble déchirer les nuées : C'est Zagarna le Maître des Ténèbres qui vient de succomber sous la vengeance du Glaive. Saisis de terreur, les soldats aux uniformes noirs se lèvent des tranchées et se précipitent en déroute loin des murs de Holmgard. L'impossible est survenu : leur chef invincible a été terrassé. Le Glaive de Sommer est revenu chasser l'envahisseur, et l'armée du Sommerlund aidée de ses alliés de Durenor se lance sans attendre à la poursuite des ennemis défaits qui courent aveuglément en direction des Monts Durncrag ; le triomphe est total : Holmgard est libérée et vos frères Kaï vengés.

Votre vie d'aventures, cependant, ne fait que commencer, car un nouveau défi vous attend, vous et le Glaive de Sommer, dans le troisième volume de la série du Loup Solitaire :

LES GROTTES DE KALTE

TABLE DE HASARD

7	5	0	1	5	1	5	7	3	6
3	6	4	3	9	3	9	2	8	1
4	5	1	4	2	6	1	0	7	3
0	1	7	2	5	0	2	8	9	2
6	2	4	8	1	5	9	6	4	8
9	0	1	7	9	0	3	1	3	9
7	4	9	7	8	5	8	2	5	1
0	5	4	6	7	7	0	4	8	6
9	6	0	2	4	4	6	8	3	2
2	8	5	6	3	8	3	7	0	9

Table des

Quotient d'attaque

Chiffre donné par la table de hasard

	−11 OU INFÉRIEUR	−10/−9	−8/−7	−6/−5	−4/−3	−2/−1
1	E −0	E −0	E −0	E −0	E −1	E −2
	LS T	LS T	LS −8	LS −6	LS −6	LS −5
2	E −0	E −0	E −0	E −1	E −2	E −3
	LS T	LS −8	LS −7	LS −6	LS −5	LS −5
3	E −0	E −0	E −1	E −2	E −3	E −4
	LS −8	LS −7	LS −6	LS −5	LS −5	LS −4
4	E −0	E −1	E −2	E −3	E −4	E −5
	LS −8	LS −7	LS −6	LS −5	LS −4	LS −4
5	E −1	E −2	E −3	E −4	E −5	E −6
	LS −7	LS −6	LS −5	LS −4	LS −4	LS −3
6	E −2	E −3	E −4	E −5	E −6	E −7
	LS −6	LS −6	LS −5	LS −4	LS −3	LS −2
7	E −3	E −4	E −5	E −6	E −7	E −8
	LS −5	LS −5	LS −4	LS −3	LS −2	LS −2
8	E −4	E −5	E −6	E −7	E −8	E −9
	LS −4	LS −4	LS −3	LS −2	LS −1	LS −1
9	E −5	E −6	E −7	E −8	E −9	E −10
	LS −3	LS −3	LS −2	LS −0	LS −0	LS −0
0	E −6	E −7	E −8	E −9	E −10	E −11
	LS −0	LS −0	LS −0	LS −0	LS −0	LS −0

E = Ennemi - LS = Loup Solitaire

coups portés

0/0	+1/+2	+3/+4	+5/+6	+7/+8	+9/+10	+11 ou supérieur	
E −3	E −4	E −5	E −6	E −7	E −8	E −9	1
LS −5	LS −5	LS −4	LS −4	LS −4	LS −3	LS −3	
E −4	E −5	E −6	E −7	E −8	E −9	E −10	2
LS −4	LS −4	LS −3	LS −3	LS −3	LS −3	LS −2	
E −5	E −6	E −7	E −8	E −9	E −10	E −11	3
LS −4	LS −3	LS −3	LS −3	LS −2	LS −2	LS −2	
E −6	E −7	E −8	E −9	E −10	E −11	E −12	4
LS −3	LS −3	LS −2	LS −2	LS −2	LS −2	LS −2	
E −7	E −8	E −9	E −10	E −11	E −12	E −14	5
LS −2	LS −2	LS −2	LS −2	LS −2	LS −2	LS −1	
E −8	E −9	E −10	E −11	E −12	E −14	E −16	6
LS −2	LS −2	LS −2	LS −1	LS −1	LS −1	LS −1	
E −9	E −10	E −11	E −12	E −14	E −16	E −18	7
LS −1	LS −1	LS −1	LS −0	LS −0	LS −0	LS −0	
E −10	E −11	E −12	E −14	E −16	E −18	E T	8
LS −0	LS −0	LS −0	LS −0	LS −0	LS −0	LS −0	
E −11	E −12	E −14	E −16	E −18	E T	E T	9
LS −0	LS −0	LS −0	LS −0	LS −0	LS −0	LS −0	
E −12	E −14	E −16	E −18	E T	E T	E T	0
LS −0	LS −0	LS −0	LS −0	LS −0	LS −0	LS −0	

T = Tué sur le coup

Achevé d'imprimer
en mai 2004
sur les presses de
la Société Nouvelle Firmin-Didot
Mesnil-sur-l'Estrée

Loi n°49-956 du 16 juillet 1949
sur les publications destinées à la jeunesse

N° d'imprimeur : 67425
Dépôt légal : mai 2004
1er dépôt légal dans la même collection : octobre 1996
ISBN : 2-07-050685-1

Imprimé en France

129418